図解でカンタン

結び方
縛り方
包み方
畳み方

快適ライフ委員会[編]

彩図社

はじめに

結ぶ・縛る・包む・畳む。私たちが日々の生活で行うこれらの行為は、意外と奥が深いもので、じつに様々なシチュエーションで役立つ方法がいくつもあります。着物の帯や緊急災害時に役立つ結び方、ほどけないようにする古新聞・古雑誌の縛り方、心をこめた贈り物の包み方、洋服のきれいな畳み方――本書では、そんな知っておけば役に立つ、また知っておきたい100を超える"生活の知恵"を優しく解説していきます。本書が皆さまのお役にたち、長く愛されたら幸いです。

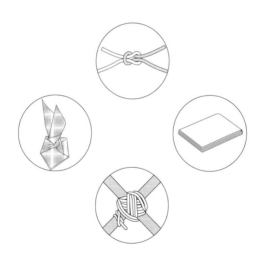

CONTENTS

はじめに ………………………………………………………………… 2

第1章 結び方

Lesson	1	本結び ……………………………………………………… 8
	2	蝶々結び …………………………………………………… 10
	3	片蝶結び …………………………………………………… 11
	4	もやい結び ………………………………………………… 12
	5	8の字結び ………………………………………………… 14
	6	巻き結び …………………………………………………… 15
	7	ふた結び …………………………………………………… 16
	8	一重つぎ …………………………………………………… 17
	9	テグス結び ………………………………………………… 18
	10	電気コードの結びかた …………………………………… 19
	11	電気コードの長さを調節できる結びかた ……………… 20
	12	イヤホンコードが絡まない結びかた …………………… 22
	13	ホースをまとめる結びかた ……………………………… 23
	14	洗濯用ロープの張りのある結びかた …………………… 24
	15	カーテンタッセルの素敵な結びかた …………………… 25
	16	複数の棒をしっかり束ねる結びかた …………………… 26
	17	花束の結びかた …………………………………………… 28
	18	リードの結びかた ………………………………………… 30
	19	ふろしきの結びかた ……………………………………… 32
	20	おみくじの結びかた ……………………………………… 33
	21	ジョギングにも向くスニーカーの結びかた …………… 34
	22	疲れにくい革靴ひもの結びかた ………………………… 36
	23	トラディショナルな革靴ひもの結びかた ……………… 38
	24	登山靴の結びかた (登り) ………………………………… 40
	25	登山靴の結びかた (下り) ………………………………… 42

| 26 | 着物の帯の一般的な結びかた | 44 |
| 27 | ストールのおしゃれな巻きかた | 48 |

第2章 縛り方

Lesson 1	中身がいっぱいのゴミ袋の縛りかた	50
2	取っ手のないゴミ袋の縛りかた	51
3	レジ袋の縛りかた	52
4	円筒状の物を持ちやすくする縛りかた1	53
5	円筒状の物を持ちやすくする縛りかた2	54
6	箱を持ちやすくする縛りかた	56
7	板を持ちやすくする縛りかた	57
8	瓶を持ちやすくする縛りかた	58
9	自転車の荷台に荷物をくくりつける	60
10	肉の縛りかた	62
11	新聞・雑誌の一般的な縛りかた	64
12	大量の新聞・雑誌を縛る方法	66
13	サイズがバラバラな新聞・雑誌を縛る	68
14	すじかい縛り	70
15	丸太を組む	73
16	丸太を二脚に組む	76
17	丸太を三脚に組む	78
18	丸太を運ぶのに便利な縛りかた	80

第3章 包み方

Lesson 1	シンプルなラッピング	82
2	デパートのようなラッピング	86
3	六角形の箱をラッピングする	90
4	円筒状の物をラッピングする	92
5	ふくさで祝儀袋を包む	94

6	ふくさで不祝儀袋を包む	96
7	お金を包む	98
8	小銭を包む	100
9	おひねりの包みかた	102
10	刃物を安全に包む	104
11	ふろしきをバッグにする1	106
12	ふろしきをバッグにする2	107
13	ふろしきの定番の包みかた	108
14	ふろしきのフォーマルな包みかた	109
15	ふろしきで長いものを包む	110
16	ふろしきで丸いものを包む	111
17	ふろしきで瓶を包む	112

第4章 畳み方

Lesson 1	シャツのたたみかた	114
2	パーカーのたたみかた	116
3	ジャケットのたたみかた	118
4	セーターのたたみかた	120
5	コートのたたみかた	121
6	ショーツのたたみかた	122
7	トランクスのたたみかた	123
8	ストッキングのたたみかた	124
9	靴下のたたみかた	126
10	着物のたたみかた	127
11	帯のたたみかた	130
12	場所を取らない羽毛布団のたたみかた	131
13	シーツのたたみかた	132
14	ボックスシーツのたたみかた	134
15	タオルのたたみかた	138

	16	テーブルナプキンの折りかた	139
	17	レジ袋のたたみかた	140
	18	テントのたたみかた	142
	19	寝袋のたたみかた	143
	20	浮き輪のたたみかた	144

第5章 防災・緊急時

Lesson	1	ロープを固定する結びかた	146
	2	太さの違うロープをつなぐ方法	148
	3	水難救助用の命綱の作りかた	149
	4	即席で縄ばしごを作る	150
	5	一時的に傷んだロープを使用する方法	151
	6	シーツをロープの代わりに使う	152
	7	車を引くロープの結びかた	154
	8	意識のない負傷者を降ろす方法	156
	9	ロープをつかむことができる負傷者の降ろしかた	158
	10	おんぶひもの使いかた	160
	11	古新聞をスリッパにする	162
	12	指に包帯を巻く方法	164
	13	腕に包帯を巻く方法	165
	14	関節に包帯を巻く方法	166
	15	三角巾で足を固定する方法	167
	16	三角巾で腕を固定する方法	168
	17	三角巾を結ぶ方法（腕）	170
	18	三角巾を結ぶ方法（足首・ねんざ）	171
	19	ネクタイを使った止血の仕方（腕）	172
	20	ネクタイを使った止血の仕方（頭）	173

索引 ... 174

第 1 章

結び方

Lesson 1

本結び

きちんと結ぶことができるのに、簡単にほどけるのが特徴。
結びかたの基本中の基本なので、覚えておきましょう。

1 ひもⒷをひもⒶに、矢印の方向に巻きつけるようにして通します。

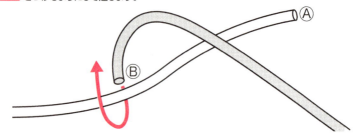

2 図のような形になったら、ひもⒶとひもⒷを矢印の方向に通して交差させます。

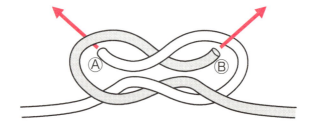

3 ひもⒶとひもⒷの端を引っ張ります。

4 2本のひもが引き締まって、完成です。

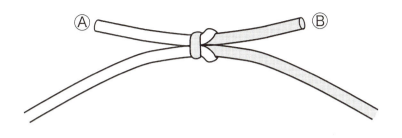

ほどきかた

1 Ⓑのひもの両端を引っ張ります。

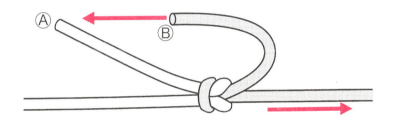

2 図のような形になったら、結び目を手で押さえます。Ⓑのひもを引くと、簡単に抜けます。

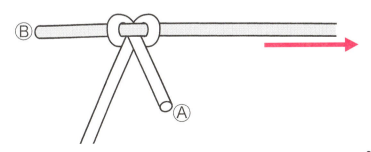

Lesson 2
蝶々結び

靴ひもなどで、よく使われることが多い「蝶々結び」。
結んでほどいてを繰り返すものに向いています。

1 ひもの端を交差させ、★印のところで折って矢印のように通します。

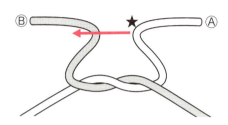

2 続いてひも®を折り、矢印のようにくぐらせます。

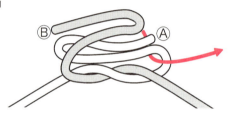

3 2つの輪を左右に引っ張り、結び目を引き締めます。

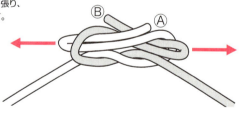

4 完成です。ⒶとⒷの先端を引くと、簡単にほどけます。

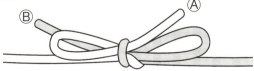

Lesson 3

片蝶結び

蝶々結びするにはひもの長さが足りない。
そんなときには、この「片蝶結び」を使うととても便利です。

1 ひもの端を交差させ、ひも④を★印のところで折って矢印のように通します。

2 ひも④を矢印のように通します。このとき二つ折りにすると、前ページで紹介した蝶々結びになります。

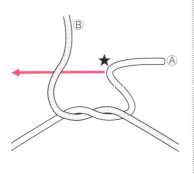
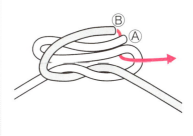

3 ひも④の輪の端と、ひも⑤の端を引き、結び目を固定します。

4 完成。ひも④の先端を引くと、簡単にほどけます。

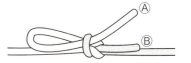

Lesson 4

もやい結び

船乗りの間で広く使われる「もやい結び」。
船を港に係留するときに使われ、きちんと結べるのにほどきやすい。

1 ひもに輪を作ってから、先端を固定したい場所にかけます。

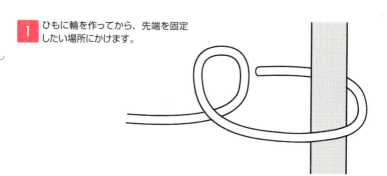

2 図のようにして、ひもを輪に通します。

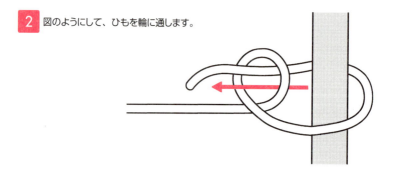

3 輪に通した先端を、元のひもの下にくぐらせます。

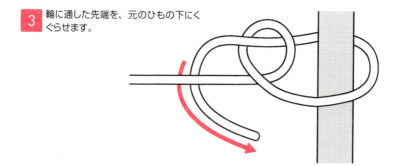

4 手順2とは逆方向から、輪に先端を通します。

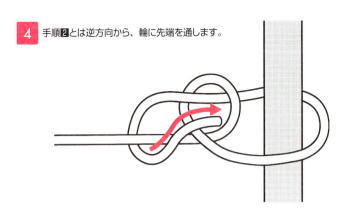

5 先端と元のひもを引き、結び目を締めます。

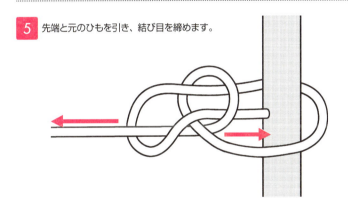

6 これで完成です。

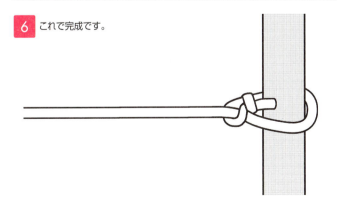

Lesson 5
8の字結び

キャンプ場で活躍するのが、この「8の字結び」です。
タープのポールを引くときなど、輪状にして引っ掛けます。

1 ひもを折って細長い輪を作ります。

2 輪状になっているひもを、もう一度折ります。その後、図のようにしてひもを巻きつかせます。

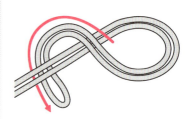

3 巻きつかせた先端部分を右側の輪に通して、引き締めます。

4 これが「8の字結び」です。棒状のものに通して使用します。

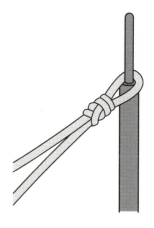

Lesson 6
巻き結び

棒状のものに巻きつける結びかた。
シンプルな方法でも、ひもの摩擦でしっかり固定できるのが特徴です。

1 結びたい棒状のものにひもをかけます。

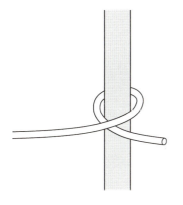

2 ひもの先端を再度巻きつけます。

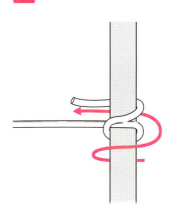

3 手順2でできた輪に、ひもの端を通します。

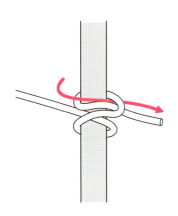

4 元のひもと先端を左右から引き、結び目を引き締めます。これで完成。元のひもに力が加わっていれば、ほどけません。

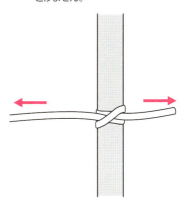

Lesson 7

ふた結び

結び方

棒状のものにひもを一周させ、輪状にして間に通す「ひと結び」。
これを2回繰り返したのが「ふた結び」です。

ふた結び

1 結びたい棒状のものに、ひもをかけます。

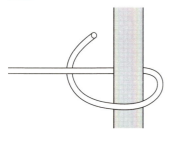

2 ひもの先端を、元のひもの下をくぐらせ、矢印のように輪の中を通します。これが「ひと結び」です。

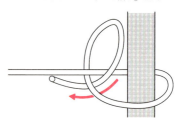

3 ひもの先端と元のひもを引き、結び目を引き締めます。

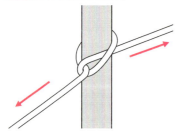

4 もう1度ひと結びにします。

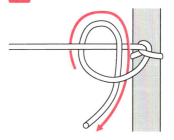

5 ひもの先端と元のひもを引っ張り、固定します。元のひもに力が加わっていれば、ほどけることはありません。

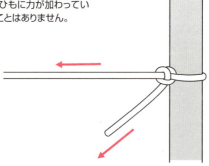

Lesson 8

一重つぎ

ひもの長さが足りず、別のひもを継ぎ足すときに用いる結びかた。
材質の違うもの同士でも結べます。

1. ひもⒶの先端を2つに折り、Ⓑの先端を矢印のように通します。

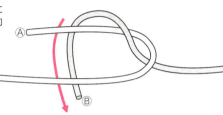

2. Ⓑの先端部分を、矢印のようにⒷの下とⒶの上の間にくぐらせます。

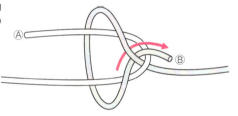

3. ⒶとⒷを引っ張ります。

4. 結び目を引き締めて完成です。

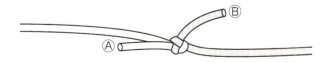

Lesson 9

テグス結び

テグスとは釣り糸のことで、これを継ぎ足すときの結びかた。
ほどきやすいのに、強度が非常に強いです。

1 Ⓐのひもを矢印のようにⒷのひもに巻きつけます。この結びかたを「とめ結び」といいます。

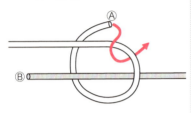

2 続いてⒷのひもをⒶに巻きつけます。

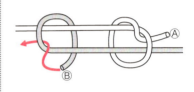

3 こちらもとめ結びにしておきます。

4 とめ結びが2つできたら、左右からひもを引きます。

5 結び目がくっついたら、さらに引き締めます。
これで完成です。

Lesson 10
電気コードの結びかた

毎回同じ方向に巻くと、癖がついて扱いづらくなってしまいます。
片付けるたびに巻く方向を変えましょう。

1. コードで任意の大きさに輪を作り、左手で持ちます。

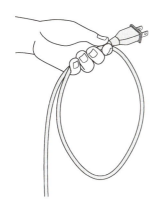

2. 左手で持っているところから、だいたいひと巻きぶんの長さの部分を右手でつかみます。

3. 手順2でできている輪と、新しくできる輪の間に手首を入れるようにして、右手で持っている部分を左手に渡します。

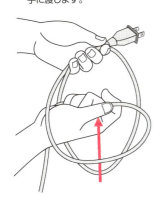

4. 手順2と3を繰り返し、最後にプラグ付近で1度結べば完成。

Lesson 11

電気コードの長さを調節できる結びかた

コードの長さを調節できる「縮め結び」で、デスクがすっきり。
きつく結ぶと発火・発熱のおそれがあるので注意。

1 コードを図のように折り曲げて置きます。

2 図の場所で輪を作ります。コードの重なり方が正しくないと、後にうまく締まらないので注意。

3 手順2で作った輪に、コードの折り曲げた部分を通します。

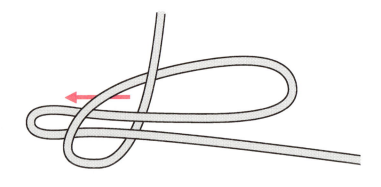

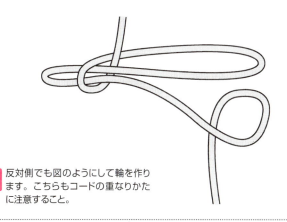

4 反対側でも図のようにして輪を作ります。こちらもコードの重なりかたに注意すること。

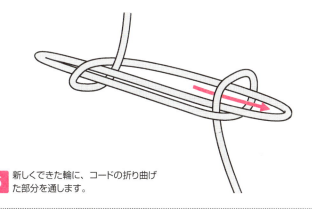

5 新しくできた輪に、コードの折り曲げた部分を通します。

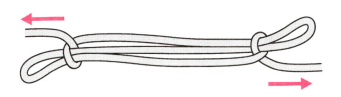

6 輪を固定しつつコードの先端を引くと、結び目が締まります。これで完成。長さを簡単に調節できます。

Lesson 12

イヤホンコードが絡まない結びかた

とにかく絡まりやすいイヤホンのコード。
8の字にして巻くと絡まりづらく、すっきりとまとまります。

1 片手を図のような形にして、中指、薬指、親指でイヤホンをおさえます。

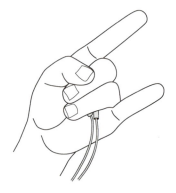

2 コードを8の字を作るようにして、人差し指と小指に絡めていきます。

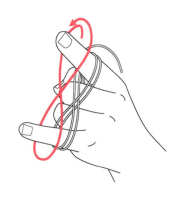

3 コードが短くなってきたら手からはずします。8の字の交差する部分を数回巻き、プラグ部分を片方の輪に通します。

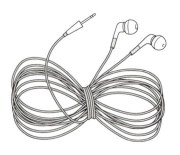

4 これで完成です。

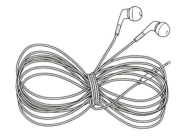

Lesson 13

ホースをまとめる結びかた

太くて長いホースは、どうしてもかさばりがち。
先端を結び目にするとうまくまとまり、収納しやすくなります。

1 ホースを輪になるよう、時計回りに巻いていきましょう。

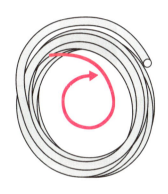

2 巻き終える寸前になったら、重なったホースの下に先端を通して輪を作ります。その輪を矢印方向に2回ねじります。

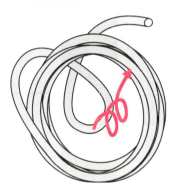

3 ねじったホースを図のように輪の上に出し、先端を手順2で作った外側の輪に通します。

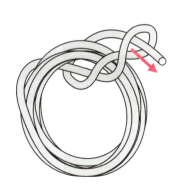

4 先端を引き締めたら完成。

Lesson 14

洗濯用ロープの張りのある結びかた

この「張り綱結び」で洗濯ロープを結べば、服を干してもだらりとたわまず、ピンと伸びた状態をキープできます。

1 柱などにひもをかけ、元のひもに一度巻きつけます。少し間隔を取って、もう一度巻きつけます。

2 二つの結び目（ⒶとⒷ）の間に、ひもを通します。

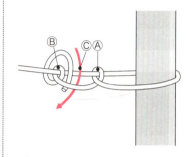

3 更にもう一度巻き付け、ひもの先端を引くと、Ⓐ〜Ⓓの４つの結び目が締まります。

4 これで完成。Ⓑ〜Ⓓの３つの結び目を矢印の方向に引くと、ロープがピンと張れます。

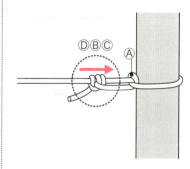

Lesson 15

カーテンタッセルの素敵な結びかた

2本のひもを使って、おしゃれなカーテンタッセル作り。
存在感のある「あげ巻き結び」が魅力的なアクセントに。

1 カーテンの横でひもをゆるやかに結びます。その先端をカーテンの後ろに回し、ひもの輪に通します。

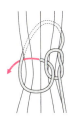

2 手順1でできた輪に、ひもの先端を下向きに通します。

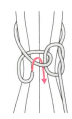

3 中央の交差した部分を、矢印の方向に引き出します。

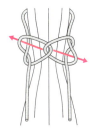

4 上下左右にバランスよく引き、結び目をじょじょに締めていきましょう。

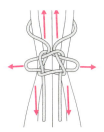

5 完成です。

Lesson 16

複数の棒をしっかり束ねる結びかた

棒などの長いものを束ねるときの結びかたをご紹介。
2カ所で束ねるようにすると、安定しほどけにくくなります。

1 ひもを敷いた上に、棒を重ねて置きます。
それからひもを棒全体に巻きつけます。

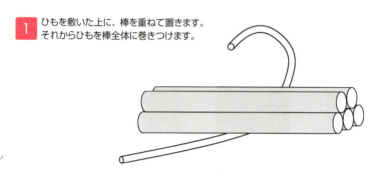

2 このとき、ひもが交差するように巻きつけるのがポイント。

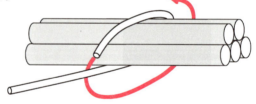

3 手順2でできた輪の中に、ひもの先端を通します。

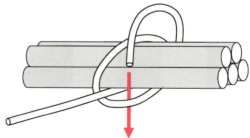

4 手前にあるひもを棒の奥に回します。

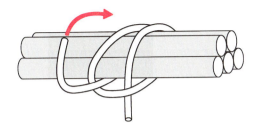

5 ひもの両端を引き、結び目を固めます。

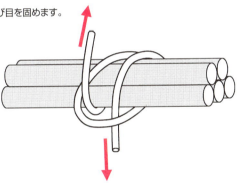

6 あまったひもをハサミなどでカットして、完成です。

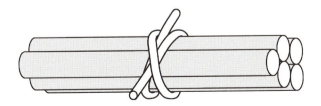

Lesson 17

花束の結びかた

花を束ねるのは簡単でも、結ぶときに形が崩れてしまいがち。
片手でもできる簡単なまとめかたを紹介します。

1 ひもを折って輪を作ったら、先端が花束の根元に来るようにします。

2 ひもの先端と茎の部分を一緒に握りこみ、長い方のひもで花束を巻きます。

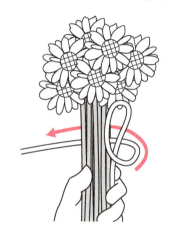

3 3〜4回ほど茎を巻きます。力を入れすぎて茎が折れないように注意しましょう。

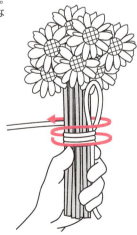

4 手順**1**で作った輪に、ひもを折り曲げた部分を通します。

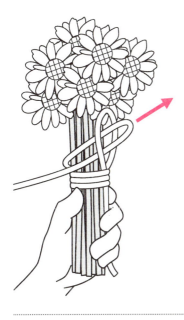

5 花の根元に向けていたひもを引き、輪を締めます。

6 あまったひもを切り、これで完成です。

Lesson 18
リードの結びかた

犬がどこかへ行ってしまわないようにリードはしっかり固定しつつも、簡単にほどける結びかたがこちら。

1 ポールなど棒状のものにリードをかけます。

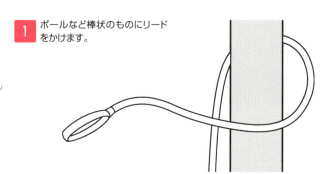

2 リードの途中で小さな輪を作ります。

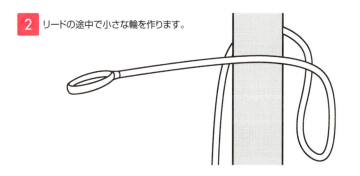

3 持ち手付近を二つ折りにして、手順 2 で作った輪に通します。

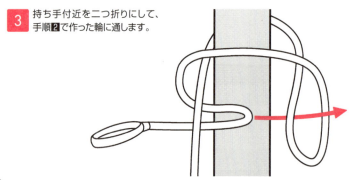

4 手順3でできた新しい輪に、再度持ち手付近のリードを二つ折りにして通します。

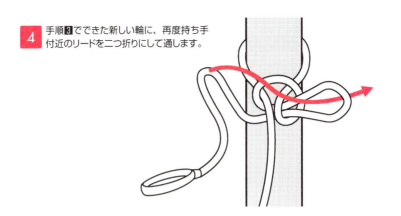

5 この形になっていれば、正しい手順です。

6 手順4で作った輪と長いリードを引っ張ります。結び目が固く固定されたら完成です。

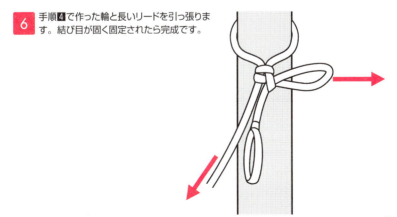

ふろしきの結びかた

Lesson 19

ふろしきで物を包むときによく使われる「真結び」。
贈り物を包む際にも使う基本中の基本なので、覚えておきましょう。

1. ふろしきは表を下にしてひし形に置きます。真ん中に品物を置いたら、左右のあまった布地を荷物の上に出し、ⒶをⒷの下に通します。

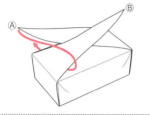

2. 手順1を終えて、このような形になりました。

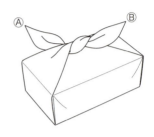

3. 続いてⒶの先をⒷの上から通し、結び目を作りましょう。

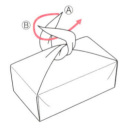

4. ⒶとⒷを左右から引き締め、結び目を固定します。

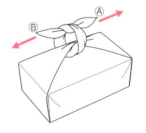

5. これで完成です。

Lesson 20
おみくじの結びかた

神社などで引いたおみくじは、所定の場所に結ぶことが多い。
コンパクトかつかわいらしいおみくじの結びかた。

結び方

おみくじの結びかた

1 読み終えたおみくじを縦に折って細長くします。

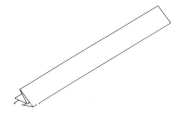

2 おみくじを枝などに1回結びます。

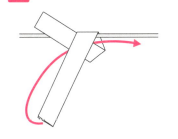

3 その後、片方の先端を結び目に折り込みましょう。

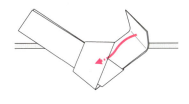

4 もう片方の先端も結び目の中に折り込みます。

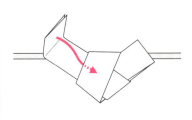

5 コンパクトになりました。
これで完成です。

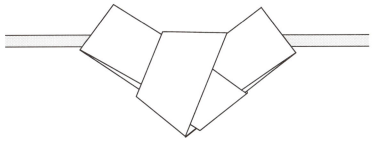

Lesson 21

ジョギングにも向くスニーカーの結びかた

穴の下からひもを通す「アンダーラップ」は、締まりすぎないのが特徴。
ジョギングシューズなどに向きます。

1 左右が同じ長さになるように、最もつま先側にある2つの穴に下からひもを通します。

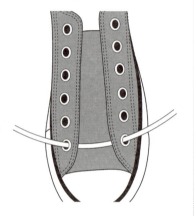

2 靴の内側の穴を通したひもを、外側のつま先側から2番目の穴に下から通します。

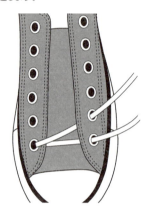

3 外側の穴を通したひもを、2番目の穴に下から通します。その後、内側のひもを外側の3番目の穴に下から通しましょう。

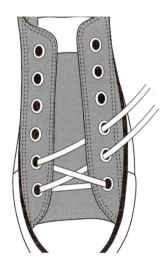

4 左右の靴ひもを交互に通していきます。

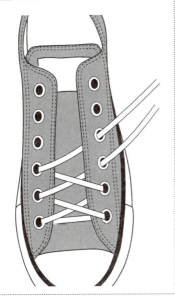

5 最上段の穴まで来たら、ひもの長さや引き締め具合を調整します。

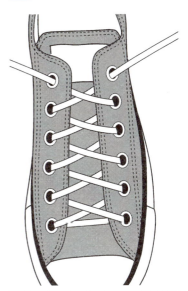

6 蝶々結びにしたら完成です。

Lesson 22

疲れにくい革靴ひもの結びかた

見た目がスタイリッシュな結びかた「パラレル」。
歩きやすくて疲れにくいので、ビジネスマンにぴったり。

1 最もつま先に近い外側の穴と、内側の2番目の穴に下からひもを通します。

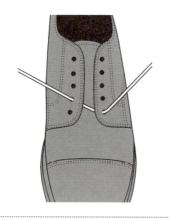

2 最もつま先に近い外側の穴に通したひもを、その真横の穴に上から通します。その後、3番目の外側の穴に下から通します。

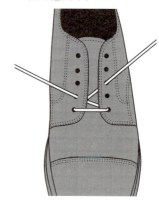

3 内側の2番目に通したひもを、その真横の穴に上から通します。それから、4番目の内側の穴に下から通します。

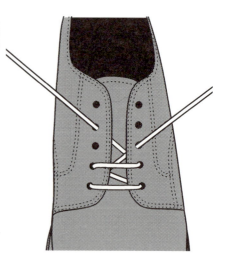

4. 手順2と手順3を繰り返し、穴にひもを通していきます。

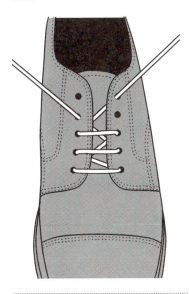

5. 最後の穴まで来たら、締め具合やひもの長さを調整します。

6. 蝶々結びにして完成です。

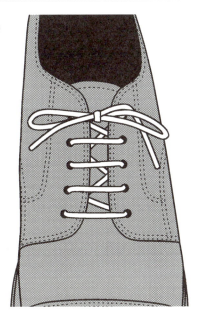

Lesson 23

トラディショナルな革靴ひもの結びかた

最も伝統的な革靴のひもの結びかた。
その洗練された見た目は、パーティなどフォーマルなシーンに最適です。

1. 最もつま先に近い外側の穴と、内側の最後の穴に、それぞれ下から上にひもを通します。最もつま先に近い内側の穴を通したひもは、後に蝶々結びをするので、長さを残しておくこと。

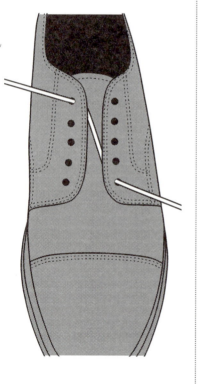

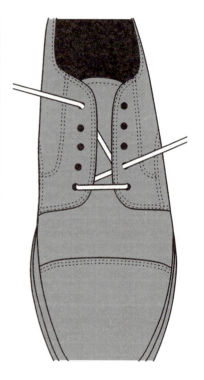

2. 外側のひもを、真横の穴に上から下に通します。上の穴の外側には、下から上にひもを通します。

3. その隣の内側の穴には、上から下にひもを通します。

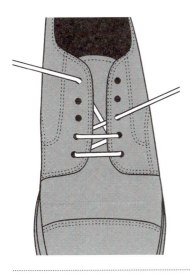

4. 手順2と手順3を繰り返し、最後の穴までひもを通します。その後、ひもの長さが左右同じになるよう調整しましょう。

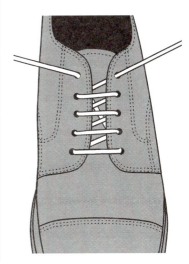

5. 蝶々結びをして、完成。

Lesson 24

登山靴の結びかた（登り）

履きやすさはもちろん安全性も大事な登山靴。
まずは足首を固定する登りの結びかたです。

1 靴ひもは左右均等の長さになるようにして、両側の先端の穴に上から通します。

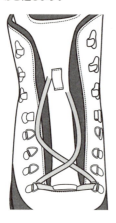

2 ひもを交差させるようにして、穴の上から通していきます。

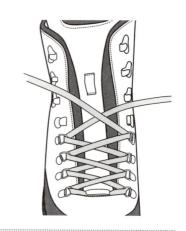

3 上から3つめのフックまで結んだら、ひとつ飛ばして一番上のフックにひもをかけます。

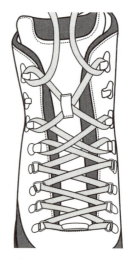

4 一番上のフックにかけたひもを、上から2番目のフックに外側からかけて、1回巻きつけます。これはほどけにくくするためです。

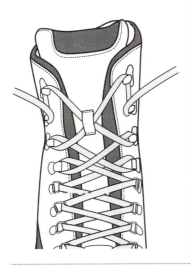

5 一番上と上から2番目のフックにかかるひもの裏側に、それぞれのひもを通します。

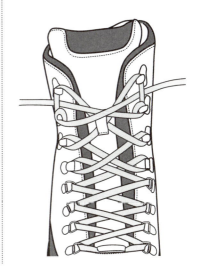

6 左右から引き締めるようにして、強めに蝶々結びをします。完成です。

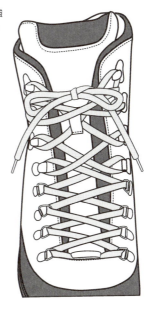

Lesson 25

登山靴の結びかた（下り）

靴を履いてかかとを床にトントンとすれば
つま先に余裕ができて下山時に足が痛みません。

| 1 | 靴ひもを両側の先端の穴に下から通します。下から通すのは、靴ひもが動きやすく全体が均等に締まるため。 |

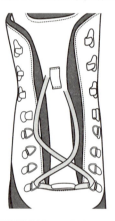

| 2 | ひもを交差させるようにして、穴の下から通していきます。 |

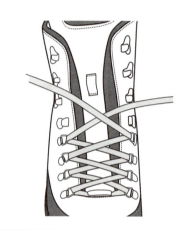

| 3 | 上から3つめのフックまで結んだら、ひとつ飛ばして一番上のフックにひもをかけます。 |

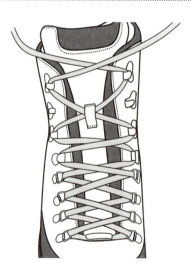

4 一番上のフックにかけたひもを、上から2番目のフックに外側からかけます。

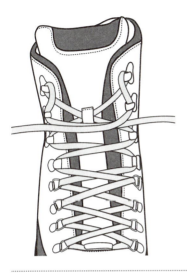

5 一番上と上から2番目のフックにかかるひもの裏側に、それぞれのひもを通します。

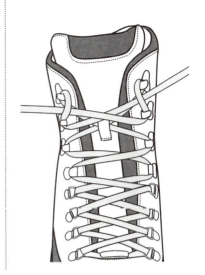

6 しっかりと蝶々結びをして、左右から引き締めて完成です。

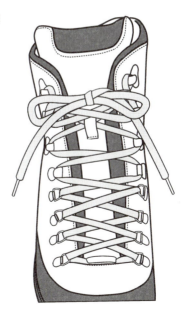

Lesson 26

着物の帯の一般的な結びかた

ここでは最もスタンダードな「文庫結び」を紹介。
1人でも簡単に結べるので、ぜひ覚えておきましょう。

1 帯の先端を二つ折りにしたら、お腹の前で持ちます。二つ折りにした帯の短い方を「手」、長い方を「たれ」といいます。手はおよそ40センチ残しておきます。

2 手を右肩にかけたら、たれを胴に2回巻きつけます。2回目は三角形に折ります。

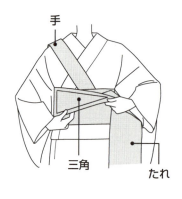

3 手とたれを1回結びます。このとき手が上に、たれが下にくるようにします。

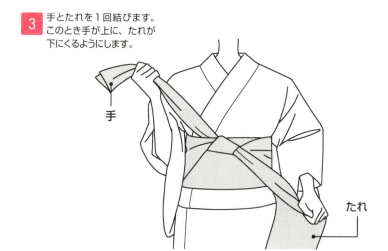

4 肩幅程度でたれの先端部分を持ちます。

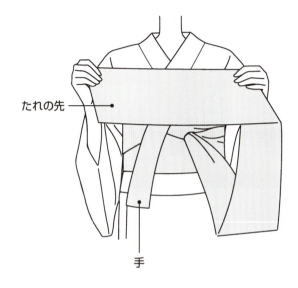

たれの先

手

5 たれの先端を内側に巻くようにして、結び目近くまで帯を折っていきます。

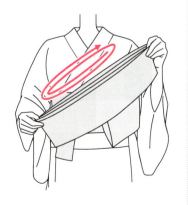

6 たたみ終えた帯の中央を上下から握って、リボンのような形にします。

7 リボン状になった帯の中央に、上から手を何回か巻きつけていきます。

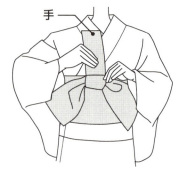

8 巻き終えた手を胴に巻いている帯に入れます。

9 リボンの形を整えます。

10 帯が型崩れしないよう、時計回りで背中に持っていきます。

11 帯板があるならそれを使い、帯の重なり具合を整えます。

帯板

12 背中の中央にリボン部分がきているかを鏡で確認。問題がなければ、完成です。

Lesson 27

ストールのおしゃれな巻きかた

結び方

首元をぐっとおしゃれにしてくれるイタリアふうのストールの巻きかた。
女性だけでなく男性にもぴったり。

1. 左右のバランスが3対1になるよう、片方を長くしてストールを肩にかけます。

2. 長い方を首に1周巻きます。

3. 短い方のストールを取り、巻いた部分から外に引っ張り出して輪状にします。

4. できた輪に長いストールの先端を通します。

5. 左右が同じ長さになるよう、引っ張って調整すれば完成です。結び目は固くせず、ふんわりとさせましょう。

第 2 章

縛り方

Lesson 1

中身がいっぱいのゴミ袋の縛りかた

縛り方

袋にめいっぱいまでごみを入れて、閉まらなくなった経験があるのでは?
そんなときでもしっかり閉まる結びかた。

1 ゴミ袋の端を持ち、左右に広げるようにします。

2 広げたゴミ袋の口を、同じ方向に3、4回折り畳みます。

3 袋の口の両端を結びます。

4 もう一度、ひと結び。こうすることで本結びとなり、しっかりと閉じます。

Lesson 2

取っ手のないゴミ袋の縛りかた

縛り方

取っ手のないごみ袋は閉めるのが難しいですが、
切れ込みを入れるだけで簡単に密閉することができます。

取っ手のないゴミ袋の縛りかた

1. ゴミ袋の片方の端をつまみ、ハサミで20センチほど点線のようにカットします。

2. ハサミで切った部分と、元の袋を左右の手それぞれで持ちます。

3. ★の場所を持ち、袋の口にぐるりと巻きつけます。

4. 袋の口をしばって完成です。

Lesson 3

レジ袋の縛りかた

縛り方

スーパーのレジ袋をゴミ袋代わりにするときには、後から追加できるよう、ほどきやすい結び目を作りましょう。

レジ袋の縛りかた

1. 袋の中の空気を抜いてから、Ⓐと Ⓑの取っ手をひと結びにします。

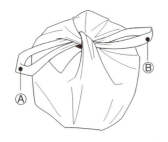

2. Ⓐの取っ手を持ち、半分に折ります。

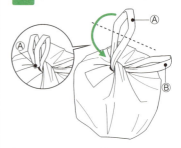

3. Ⓑの取っ手を、折ったⒶに巻きつけます。

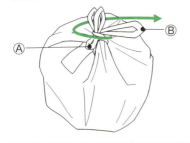

4. 巻きつけた際に輪ができますので、そこにⒷの取っ手の先端を通します。

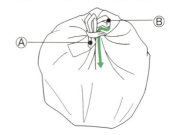

5. Ⓐの折り返しの部分と、Ⓑの取っ手を引き締めます。ほどくときはⒶを引くと簡単です。

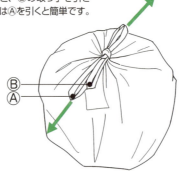

Lesson 4

円筒状の物を持ちやすくする縛りかた1

荷物に持ち手をつけると、持ち上げたり運ぶのがかなり楽になります。
また、複数の荷物も持ち運べます。

1 折ったひもを荷物の下から通します。

2 輪になっている部分に、2本の先端をからめて上に引っ張り出します。ここが持ち手になります。

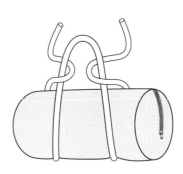

3 持ち手が適当な長さになるよう、2本の先端を本結び(8ページで紹介)にします。

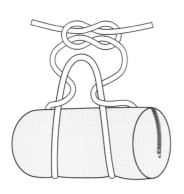

4 これで完成です。肩にかついだり、手にさげて運びましょう。

Lesson 5

円筒状の物を持ちやすくする縛りかた2

円筒形の荷物を運ぶ際には「樽結び」で固定し、
最後に持ち手をつけてあげると、楽に運べます。

1 縛る荷物を裏返しにして、ひもを2周巻きます。地についている荷物の上部で、ひもの交差部分が中心にくるように。

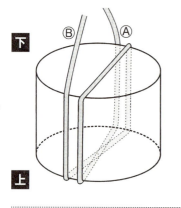

2 ひもⒶをⒷの上に通した後、1周目で巻いたひもの下に通す。ひもⒷはⒶの下を通した後に、1周目で巻いたひもの上を通す。

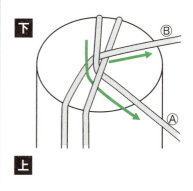

3 交差した部分を締めてから、ひもⒶとひもⒷを荷物の表側に持ってきます。

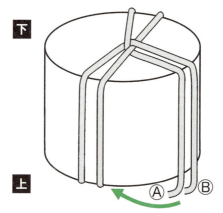

4 荷物をひっくり返します。その後、交差している部分の下から2本のひもを通した後、図のようにひもを回しましょう。

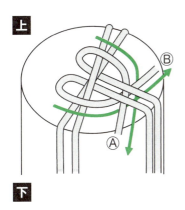

5 結び目の位置を調整して、中心に移動させます。3方向に伸びるひもの角度が120度になるように。

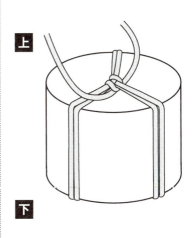

6 輪を作って本結び(8ページで紹介)すれば、持ち手ができます。これで完成です。

Lesson 6

箱を持ちやすくする縛りかた

ひもで取っ手を作ってしまえば、持ち運ぶときに力がいりません。
コツは持ち手の中央に重心がくるようにすること。

1. 折ったひもを図のように1度結びます。これを「二重とめ結び」といいます。

2. 荷物をひもで巻いて、二重とめ結びで作った輪に通します。

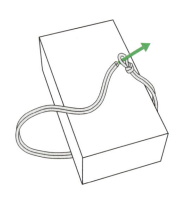

3. 図のように荷物の逆側にもひもを巻き、矢印のようにひもをからめます。

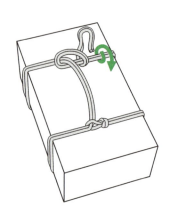

4. 中央のひもを渡した部分は持ち手になるので少し浮かせて、手順3で交差した部分でふた結び（16ページで紹介）にします。これで完成です。

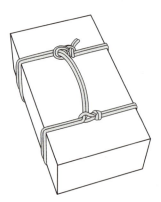

Lesson 7
板を持ちやすくする縛りかた

絵画など、折り曲げられない板状のものを運ぶ際に、
簡単に取っ手をつける方法を紹介。

縛り方

板を持ちやすくする縛りかた

1. ひもを二重とめ結びにします。

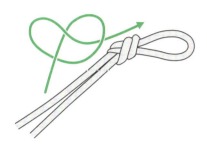

2. 荷物の端から3分の1にひもをかけ、輪の部分に先端を通します。その後、3分の1の間隔をあけて図のようにひもを通します。

3. ひもⒶを図のように2回巻き、それぞれの巻きつけた部分の間に先端を通します。

4. Ⓐの先端を引き締め、結び目が固定されているのを確認して完成です。

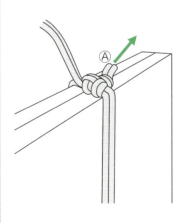

Lesson 8

瓶を持ちやすくする縛りかた

2本の瓶をまとめる結びかたです。
持ち運びが便利になるだけでなく、見栄えもよいので贈り物に向きます。

1. 2本並べた瓶の底部付近で、ひもを2回半巻きます。このとき Ⓑ のひもを長めに残しておきましょう。

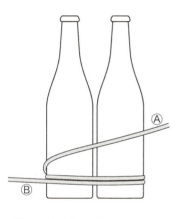

2. 手順1で巻いたひもの下から通すようにして、Ⓐ のひもを2本の瓶の間に通して2回巻きます。

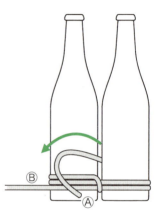

3. Ⓐ と Ⓑ のひもを本結び(8ページで紹介)でしっかりと固定します。

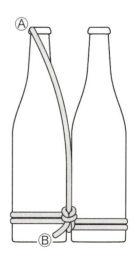

4 長めに残しておいたひも◯Aで瓶の注ぎ口付近を2回巻きます。その巻いた部分に、再度ひも◯Aを2回巻きます。

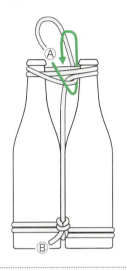

5 ひも◯Aを縦に伸びているひもにぐるぐると2回巻きつけます。1回目と2回目でできた結び目の間に、ひも◯Aの先端を通しましょう。

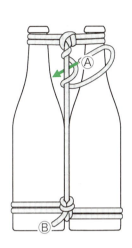

6 手順5で通したひも◯Aの先端を引き締めて、完成。

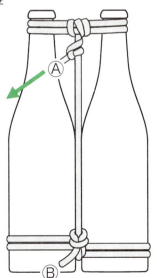

Lesson 9

自転車の荷台に荷物をくくりつける

自転車の荷台に荷物を固定する結びかた。
振動でひもがほどけてしまわないよう、しっかりと縛っておきましょう。

1 荷台の後方片側で、ひもで輪を作って、そこに両方の先端を通します。

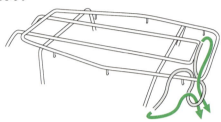

2 ひもの両側を強く引いて固定します。このとき右側は短め、左側は長めにしておきましょう。

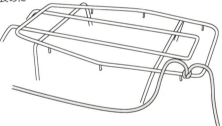

3 長く残しておいた方のひもを、荷台のひも掛けに引っかけながら、荷物を巻いていきます。

4 巻きつけているひもの先端を、荷物の角で二つ折りにして輪を作ります。短めに残しておいたひもを、そこに巻きつけます。

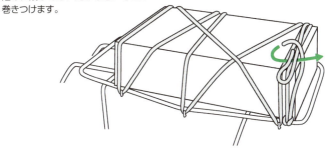

5 短いひもの先端を、図のようにして、長いひもで作った輪に通します。

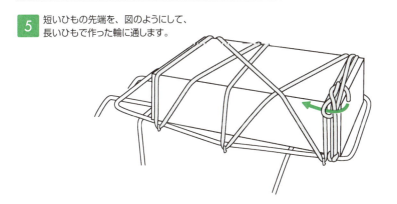

6 2本のひもの端を引いて、結び目を引き締めます。荷物がぐらつかないか確認をして完成です。

Lesson 10
肉の縛りかた

チャーシューや煮豚を作る際に、肉が型崩れしてしまわないよう、前もってタコ糸で縛っておきます。

1. ブロック肉の端から2センチくらいをタコ糸で巻き、本結び(8ページで紹介)でとめます。このときⒶを短く、Ⓑを長くとっておきましょう。

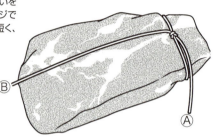

2. 左手指の外側にⒷの糸をかけて、矢印の方向に持っていきます。

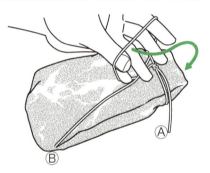

3. 輪をブロック肉に通します。

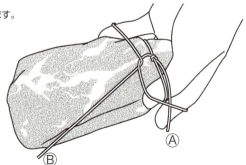

4 糸が十字になるよう交差させながら、約2センチ間隔で輪状にした糸をかけていきます。

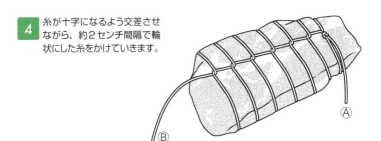

5 ブロック肉の端まで糸をかけたら、ひっくり返します。糸が平行にかかっているので、図のようにして糸Ⓑを十字に交差させていきましょう。

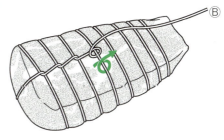

6 端まで糸をかけたらブロック肉を再びひっくり返し、ⒶとⒷを本結び（8ページで紹介）にします。

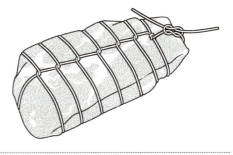

7 あまった糸を切って、完成です。

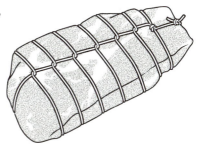

新聞・雑誌の一般的な縛りかた

古新聞や古雑誌を簡単にまとめられる結びかた。
持ち運んでいる最中にほどけないよう、力を入れて縛りましょう。

1 新聞・雑誌の束に2、3回ひもを巻きます。

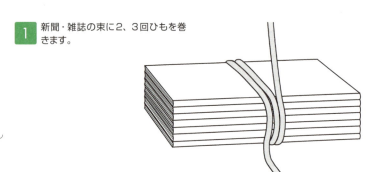

2 片方のひもを折り返します。

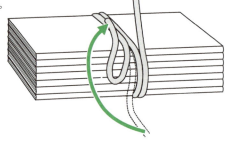

3 もう片方のひもを、新聞・雑誌に巻いた2本のひもの下にくぐらせます。

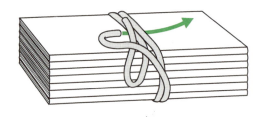

4 手順**3**で2本のひもの下を通したひもの先端を折り返し、上のひもの輪に半分ほど通します。その後、上のひもを引いて結び目を締めます。

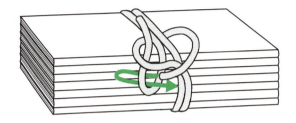

5 手順**2**で折り返したひもの先端を引き、へりの部分で結び目を固く固定します。

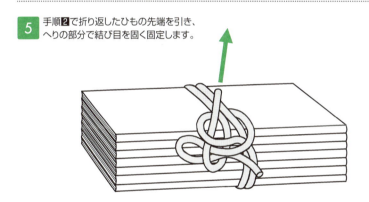

6 あまったひもは切り、完成です。

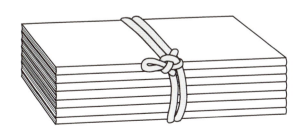

65

Lesson 12
大量の新聞・雑誌を縛る方法

新聞や雑誌の量が多いとひっくり返すのが大変。
置いたままで縛ることができるので、女性でも簡単にできます。

1 ひもを床に置き、輪を作ります。ひもが交差する部分が中心に来るよう、上から新聞や雑誌の束を置きます。

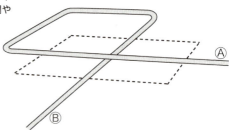

2 点線の位置に来るよう、輪を移動させます。

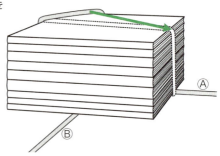

3 ひもⒶの先端を奥に移動させます。

4 束の下では、ひもがこのように交わっている状態です。

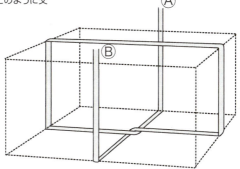

5 ⒶとⒷの先端を束にかかるひもに巻きつけ、その後、近づけます。

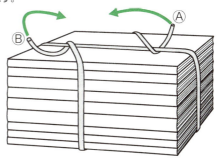

6 ⒶとⒷを本結び（8ページで紹介）したら完成です。

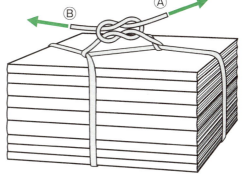

サイズがバラバラな新聞・雑誌を縛る

大きさの違う本でもきっちりとまとめるコツは
垂直方向だけでなく水平方向にも縛ること。

1 束になった本にひもを2回通した後、交差させます。

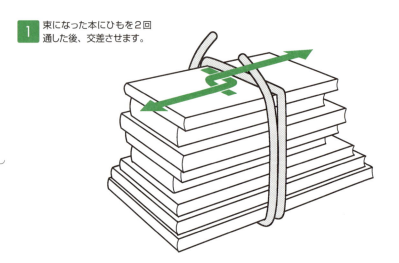

2 手順1で交差させたひもを下に通します。

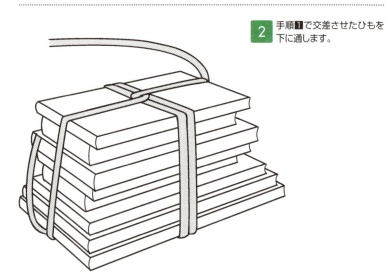

3 束の高さの中ほどで、ひもを交差させます。

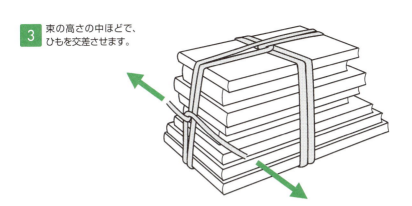

4 それぞれのひもを2回巻きつけていきます。

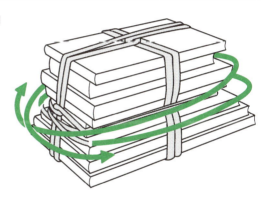

5 本の角で本結び（8ページで紹介）にします。これで完成。

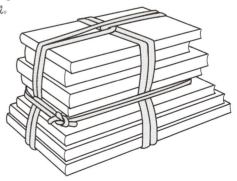

Lesson 14

すじかい縛り

木材などを斜めにして固定する際に使われる縛りかた。
ゆるまないよう、力を入れて縛りましょう。

1. 丸太を斜めに交差させたら、図のようにロープで縛ります。これを「ねじ結び」といいます。

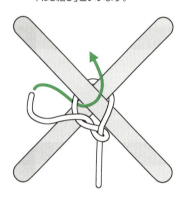

2. 結び目を強く引いて固くしてから、水平方向にロープを巻きます。

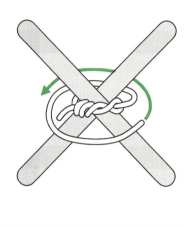

3. 強く引き締めるようにして、ロープを複数回巻いていきます。

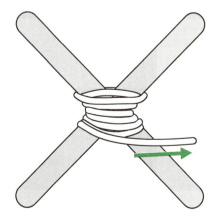

4 続いて、垂直方向にもロープを巻いていきます。

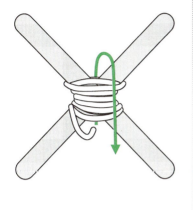

5 ロープを複数回強く巻いて、きちんと固定させます。

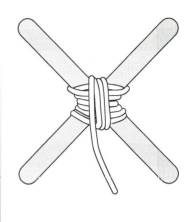

6 次に、図のようにしてロープを巻いていきます。

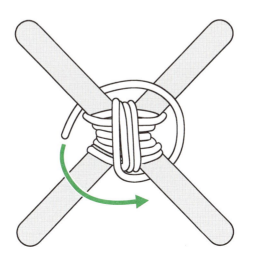

7 ロープを矢印のように巻きます。これを「割りを入れる」といいます。

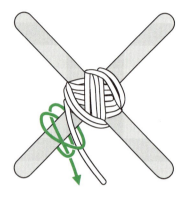

8 割りを入れ終わったら、図のようにして結びます。これを「固め結び」といいます。

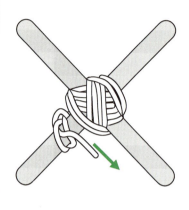

9 ぐらつきがないかを確認して、完成です。

Lesson 15
丸太を組む

複数の丸太を組む際に便利な縛りかた。
ぐらつかないよう、強く縛りましょう。

縛り方

丸太を組む

1 ロープを丸太に輪状にしてかけます。

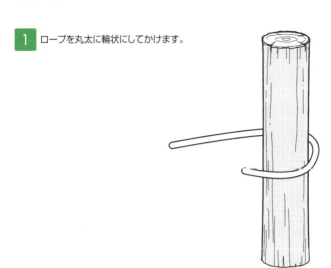

2 手順1でできた輪に、ロープの先端を通してひと結びにします。

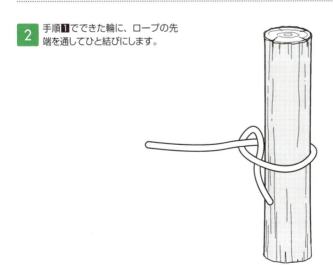

3 ロープの先端を矢印のように2、3回、輪に巻きます。

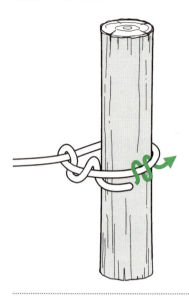

4 それぞれの方向からロープを強く引いて締めます。

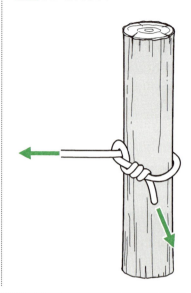

5 別の丸太を隣に置いたら、水平方向にロープを8回巻きます。

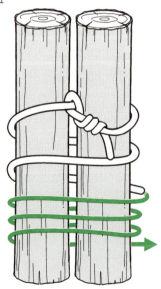

6 ぐらつきがないか確認した後、後から持ってきた丸太にロープを巻きます。

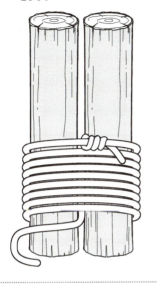

7 さらにもう1度巻きつけて、巻き結び(15ページで紹介)にします。

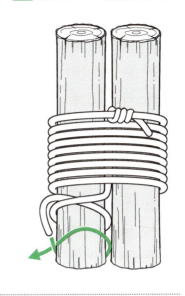

8 最後にロープの先端を強く引いて締めれば完成。

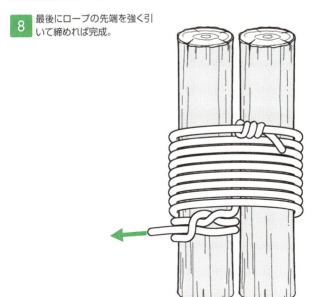

Lesson 16

丸太を二脚に組む

二脚にした丸太は、キャンプで様々なものの土台にできる。
きつく締めすぎると、開かないので注意。

1. 『丸太を組む』と同じ手順（74ページの手順5参照）で、2本の丸太にロープを巻きつけます。

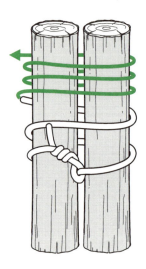

2. ロープを8回ほど巻いたら、丸太の間に通して、1回だけ巻いておきます。

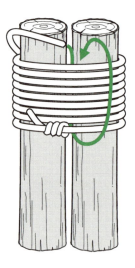

3 丸太の一方にロープを巻いていきます。

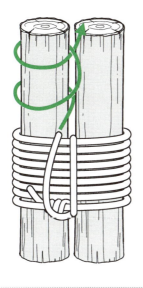

4 手順3で巻いたロープを巻き結び（15ページで紹介）にします。

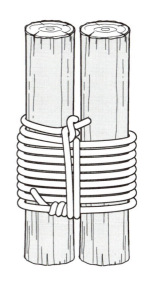

5 完成。開きすぎるときには、もう少し強く縛ること。

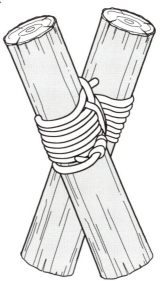

丸太を三脚に組む

キャンプでとても重宝するのが、この三脚。
何かを吊るしたり、イスにしたりと大活躍。

1. 『丸太を組む』と同じ手順（74ページの手順5参照）で、3本の丸太にロープを巻きつけます。

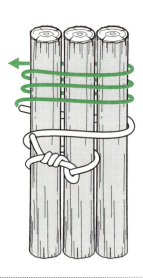

2. ロープを8回ほど巻きます。その後、左と中央の丸太の間に通して、1回だけ巻きます。

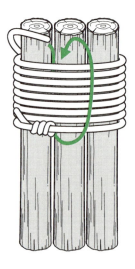

3 中央と右の丸太の間にも、ロープを通して巻きます。

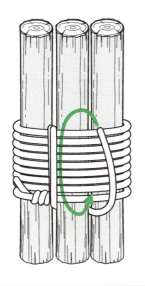

4 ロープの先端は巻き結び（15ページで紹介）にして、固定する。

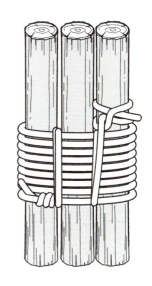

5 3本の丸太が安定して立つか確認して、完成です。

Lesson 18

丸太を運ぶのに便利な縛りかた

とても持てないほど重い丸太でも、
縛って引きずることで簡単に運べます。

1. 丸太の端の方にロープを回し、ひと結びをします。それからロープの先端を矢印のように2、3回巻きつけます。

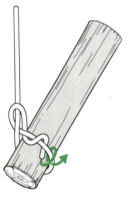

2. それぞれのロープを引いて、結び目を締めます。

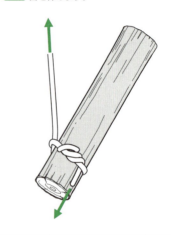

3. 丸太のもう一方の端で、ロープをひと結び(16ページで紹介)にします。

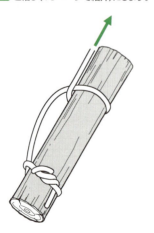

4. 完成。ロープの先端を持って引きずれば、重い丸太でも運べます。

第 3 章

包み方

Lesson 1
シンプルなラッピング

贈り物をする際に、よく用いられるシンプルな包みかた。
誰でも簡単に手早くできるのでマスターしておきましょう。

1 包み紙は、箱の周囲より4〜5センチ長いものを用意します。その上に、図のような配置で箱を置きます。

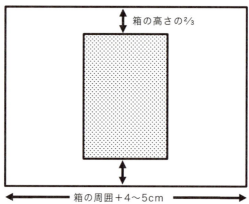

箱の高さの²⁄₃
箱の周囲＋4〜5cm

2 右側の紙の端を1〜2センチ程度折ります。

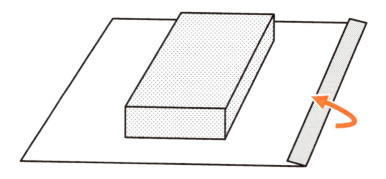

3. 右側の紙を折って、箱の中心部分までとどくか確認。とどかなければ、箱を動かしてとどくようにします。

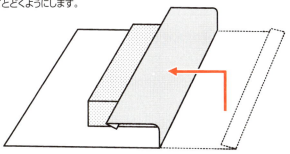

4. 箱を決まった位置に置いて、左側から折ります。

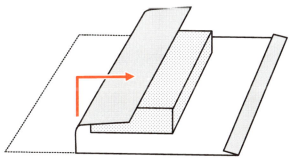

5. 続いて、右側から折ります。このとき、紙がピシッとするように折りましょう。

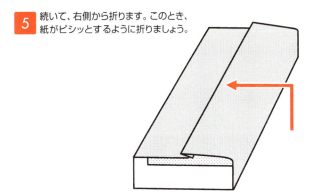

6　たるみのない状態で、合わせ目をセロテープ等でとめます。

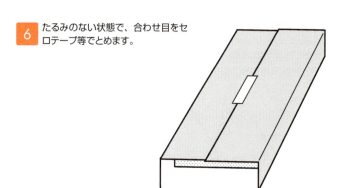

7　上下の紙を均等な長さにしてから、手前側の上部の紙を下へ折ります。

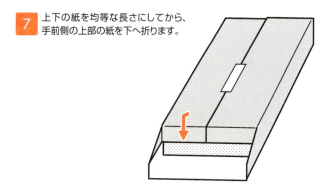

8　続いて左右を折ります。

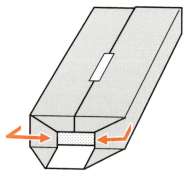

9 手前の下の紙を上に折ります。左右の紙と交差する位置に、目立たないよう印をつけます。

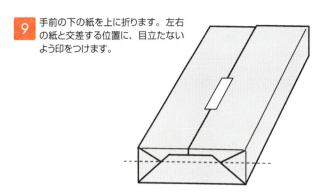

10 下の紙を、印をつけた位置で内側に折ります。

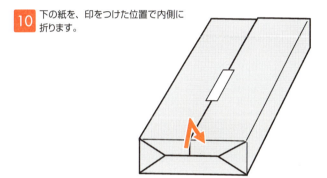

11 合わせ目をセロテープ等でとめます。反対側も同じ手順で包装して、完成です。

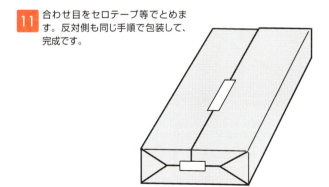

Lesson 2

デパートのようなラッピング

デパートの包装では定番の「回転包み」。
中身を上下回転させるので、ひっくり返してはいけないものは包めません。

1 包装する箱は、図を参考にして紙の上に置きます。

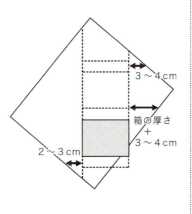

2 箱は天を左にし、裏側を上にします。

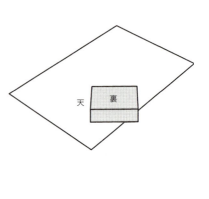

3 最初に手前の紙を起こすようにして、折ります。このとき紙は、手前左側の上の角から2〜3センチを残すようにします。

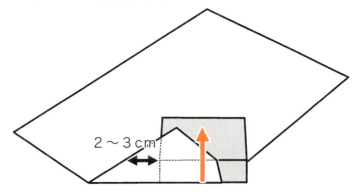

4 左側の紙を折り上げ、たるみの部分は内側へ入れます。

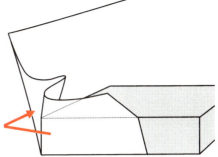

5 箱の高さに合わせて折るとキレイに仕上がります。

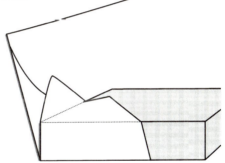

6 折り上げた紙を箱の上に持っていきます。

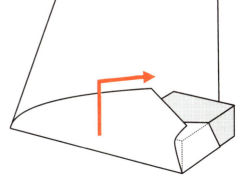

7. 箱を起こします。このとき、Ⓐ辺の延長線上になるよう、Ⓑのラインを整えます。Ⓑライン調整の際にあまった紙は内側に折り込みます。

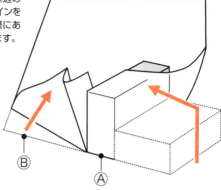

8. 起こした箱を、反対側に倒します。これで表側が上になりました。

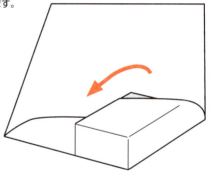

9. 箱のふちに沿うように、奥の紙を内側に折ります。続いて左側の紙を折ります。

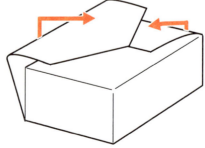

10 箱の上にかぶさっている2枚の紙を、対角線に沿うように折ります。

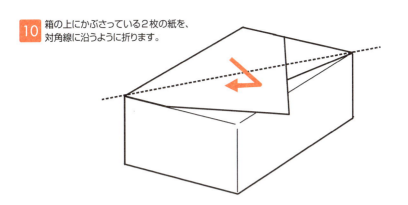

11 上にかぶせたほうの紙を、対角線に沿うように、内側に折り込みます。

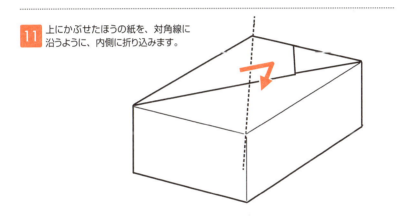

12 三角形の頂点が交差した位置をセロテープ等でとめます。これで完成です。

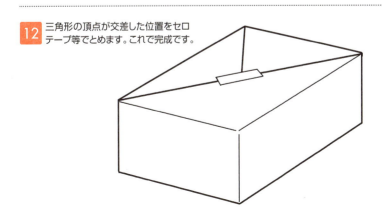

Lesson 3

六角形の箱をラッピングする

お菓子の箱などを美しくラッピングする方法です。
六角形だけでなく、多角形の物を包むときにも使えます。

1 包装紙の大きさは、縦が箱の高さ＋箱の高さの２倍、横は箱の表面周囲＋１～２センチが目安です。

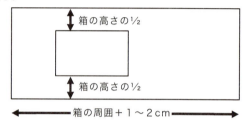

2 図のように箱を置きます。手前側の紙の長さは、六角形の約1.5辺分です。

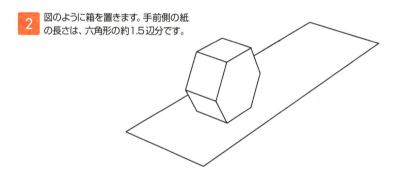

3 手前側の紙で箱の側面を包みます。

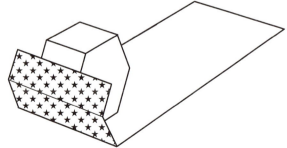

4 箱の表面側の紙を、中心に向けて折り込んでいきます。

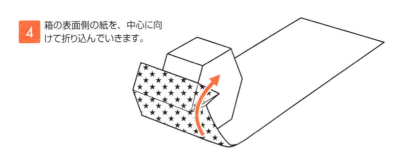

5 箱を動かしながら、一辺ずつ紙を重ねて折っていきます。

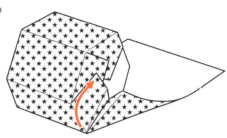

6 すべてが重なったら、その中心をテープでとめましょう。

7 シールなどがあったらテープの上に貼って飾り、完成です。

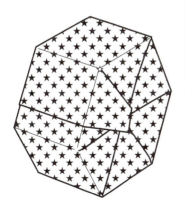
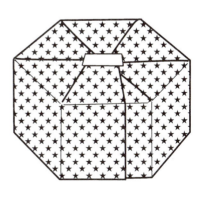

Lesson 4

円筒状の物をラッピングする

円筒状のギフトボックスに入った品物を人に贈るときなどに便利な包みかた。紙をきつく巻くのがコツです。

1. 包装紙の大きさは、縦が筒の高さ+円の直径、横は円周+1〜2センチが目安です。

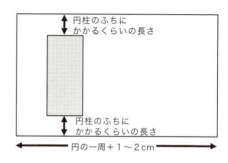

円柱のふちにかかるくらいの長さ

円柱のふちにかかるくらいの長さ

円の一周+1〜2cm

2. 図のように筒を置き、紙をきつく巻き付けます。

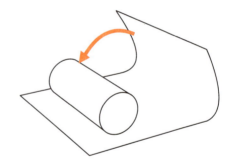

3. 重なった部分をテープでとめます。ゆるまないように注意しましょう。

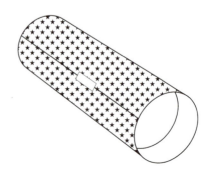

4 円に沿うように折り込みます。
折り目は中心に寄せましょう。

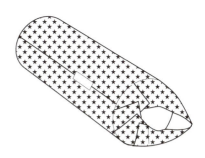

5 すべて折り込んだら、中心をテープで固定します。

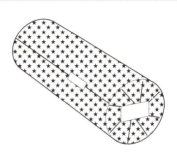

6 紙でフタを作って貼ります。円筒より少し小さめの円にすると、美しく出来上がります。

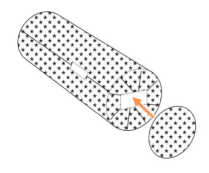

7 反対側も同様に包んで完成です。

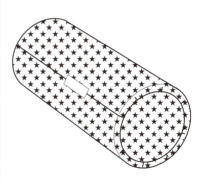

Lesson 5

ふくさで祝儀袋を包む

祝儀袋を持参する際には、ふくさで包むのがマナー。
正しい方法がありますので、ぜひ覚えておきましょう。

1 ふくさにツメがあるなら、そちらを右側にして布を広げます。中央よりもやや左側に祝儀袋を置き、左側からたたみます。

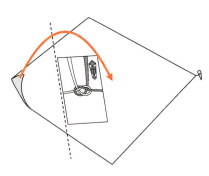

2 続いて上からたたみます。

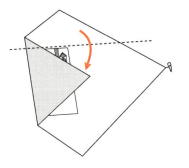

3 次は祝儀袋の下からたたみます。

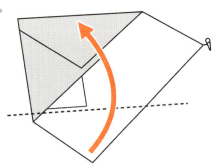

4 右からたたみます。

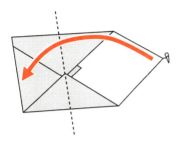

5 裏側でツメをとめます。

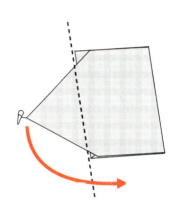

6 裏側はこのようになります。ツメがない場合は、たたむだけで構いません。

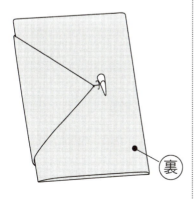

7 表の左側の上下に三角形ができているのを確認して完成です。

Lesson 6
ふくさで不祝儀袋を包む

不祝儀袋の包み方は、祝儀袋とは異なるので注意。
ふくさは慶事、弔事の両方で使える紫色があると便利です。

1. 不祝儀袋をふくさの中央のやや右側に置き、右側からたたみます。

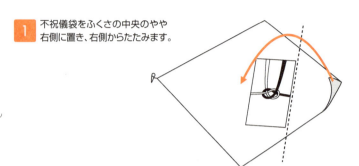

2. 不祝儀袋の下側をたたみます。

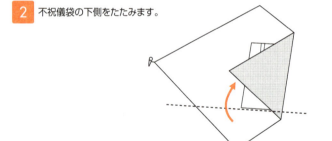

3. 続いて、上側からたたみます。

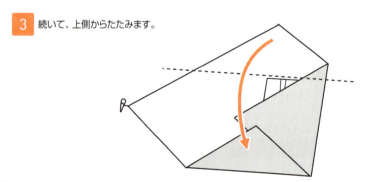

4 最後に左側をたたみます。

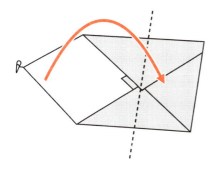

5 裏側でツメをとめます。

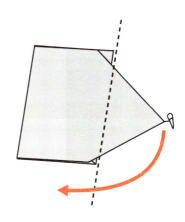

6 裏側はこのようになります。ツメがない場合は、たたむだけで構いません。

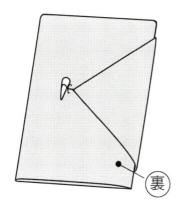

7 祝儀袋とは反対に、表の右側の上下に三角形ができていることを確認しましょう。

Lesson 7

お金を包む

お金を封筒などに入れる際には白い紙に包みます。これを「中包み」といいます。
祝儀はお札を表に、不祝儀では裏にします。

1. お金を包むのには、奉書紙や半紙を用います。これの裏側を上にして、お札は表が上になるように置き、下から折ります。

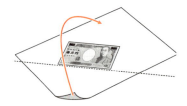

2. 続いて左から折ります。

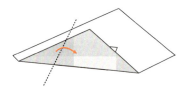

3. 次は右側から折ります。

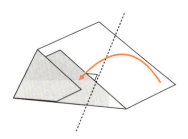

4. お札のサイズに合わせて上を折ります。

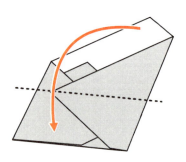

5 もう一度お札のサイズで折ります。

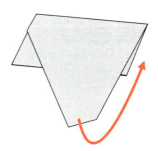

6 ひっくり返して、あまった部分を折ります。

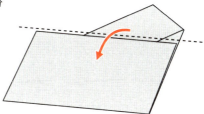

7 折り目がきちんと折れているか確認します。

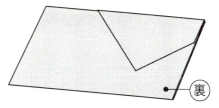

8 完成。三角の部分が左上に来るようにして、封筒に入れます。

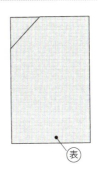

Lesson 8

小銭を包む

元来、丸薬や粉薬を包む際に用いた折り方「薬包み」。
小銭をそのまま渡すことに気が引けるときなどに最適。

1. 紙の上に、硬貨を図のように並べて置いて、対角線に折ります。

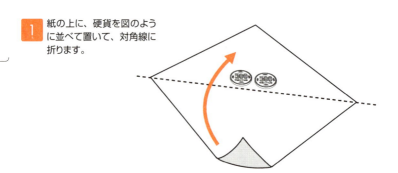

2. 右側3分の1くらいで、内側に折ります。

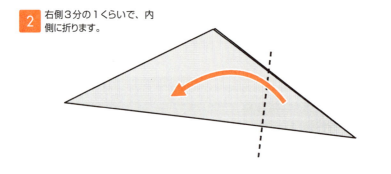

3. 左側も3分の1くらいで折り、その先端を手順 2 で折った部分に差し込みます。

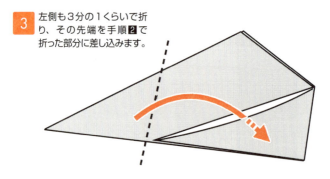

4 図のように、上部を斜めに折ります。

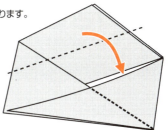

5 続いて矢印の方向に折ります。

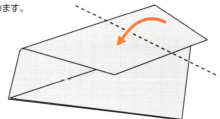

6 紙があまったら、見えないように内側に折り込みます。

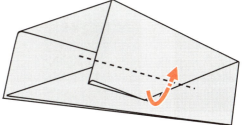

7 完成です。

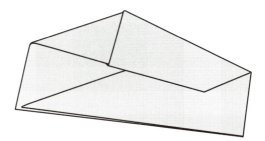

Lesson 9

おひねりの包みかた

大衆演芸の舞台や、地方によっては上棟式などでも投げられるおひねり。
小銭を包んだ紙をひねって作ります。

1 図のように半紙を12等分にハサミで切ります。

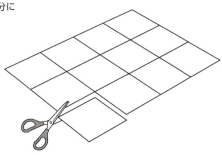

2 切った紙の上に硬貨を置き、半分に折ります。

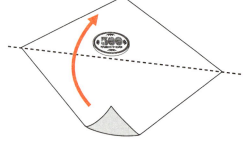

3 中身を覆うようにして、もう1度折ります。

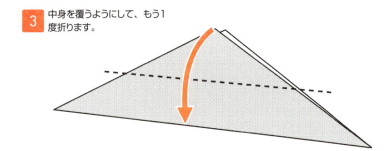

4 中身の大きさにそって、左右を立てるように折ります。

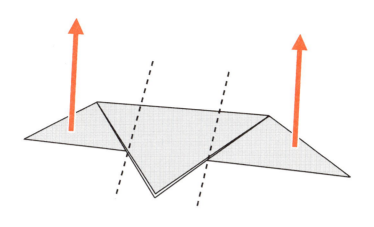

5 左右のとがった先端部分を合わせて、同じ方向にねじります。

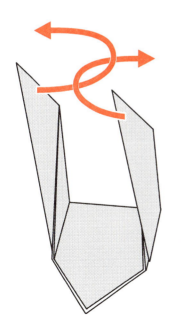

6 すぐにほどけないか確認して、完成です。

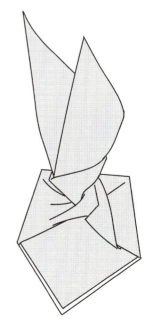

Lesson 10
刃物を安全に包む

包丁などの刃物を捨てるときなどに用いる包みかたです。
思わぬケガをしないよう、取り扱いには十分に気をつけてください。

1. 2枚重ねた新聞紙の上に包丁を置き、包丁の峰側の紙を内側に折ります。

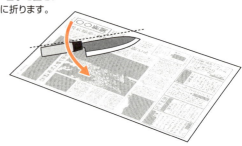

2. 柄側の紙をその上に重ねて折ります。

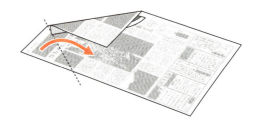

3. 刃に合わせて、全体を折り込みます。

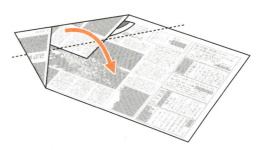

4 さらに1回折ります。

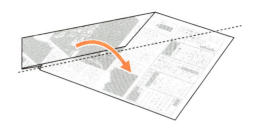

5 刃の先端側の紙を折ります。刃が紙を突き破るのを防ぐため、先端から約1センチあけましょう。

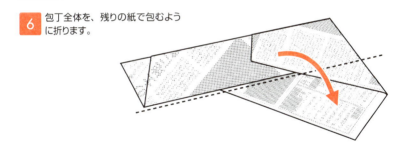

6 包丁全体を、残りの紙で包むように折ります。

7 紙の端をテープでとめて、完成です。

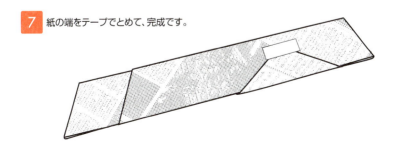

ふろしきをバッグにする1

ふろしきを持ち歩いていれば、ちょっとした買い物でバッグ代わりに使えます。
レジ袋の節約にも繋がりますね。

1 裏側を表にして、ふろしきを三角形の二つ折りにします。

2 右の先端を結びます。

3 左も同様にします。

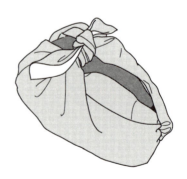

4 ふろしきを裏返しにします。表面が外側になり、結び目も見えなくなりました。中に物を入れたら、結んでいない一辺を結んで持ち運びます。

Lesson 12
ふろしきをバッグにする2

丸々としたフォルムがかわいいバッグを、ふろしきで作ってみましょう。
持ち手があるので、運ぶときも便利です。

包み方

ふろしきをバッグにする2

1 裏側を上にして、ふろしきを広げます。

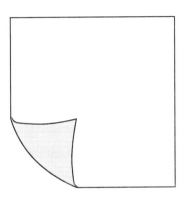

2 角を1回結びます。このとき、結んだ先の布地の先端を長めに残しておきましょう。

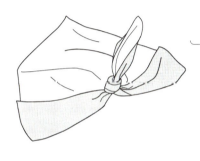

3 他の3つの角も同様に結びます。

4 長く残しておいた布地の先端を、隣同士で結びます。これを2組作れば持ち手ができ、完成です。

107

Lesson 13

ふろしきの定番の包みかた

贈り物を持参するときなどに用いたい包みかた。
左右から包むので、見栄えがよいだけでなく安定性にも優れます。

1. ふろしきの中央に包みたいものを置きます。

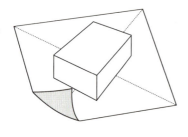

2. 片側からふろしきをかぶせます。

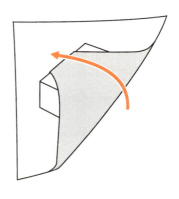

3. 続いて反対側のふろしきをかぶせます。

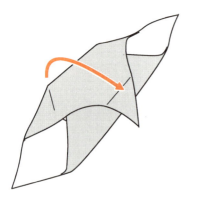

4. 残ったふたつの端を持ち上げて結び、完成です。

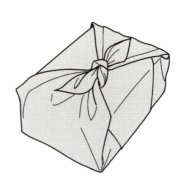

Lesson 14
ふろしきのフォーマルな包みかた

包むものが大きすぎて、結び目が小さく不恰好になってしまうときには、「かくし包み」で結び目を覆います。

1 中央に包むものを置きます。

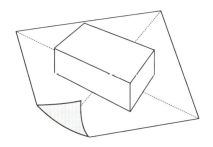

2 左右からふろしきをかけて結びます。

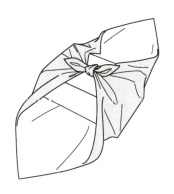

3 残った二辺のうち片方の布地を結び目の下に通します。

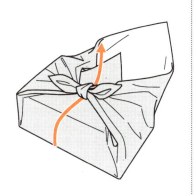

4 最後の一辺で荷物を上から覆い、結び目を隠します。これで完成です。

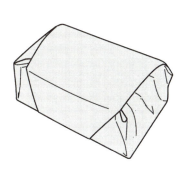

Lesson 15

ふろしきで長いものを包む

細長いものを包みたいけど、対角線の端まで布が届かない。
そんなときには結び目をふたつ作れば、キレイに包めます。

1 対角線にそって包みたいものを置きます。

2 ⒶとⒸの端を持って荷物の上で交差させます。このとき、まだ結びません。

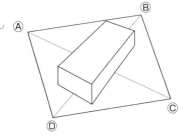
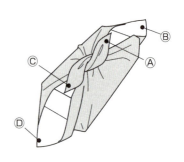

3 ⒸとⒹを結びます。

4 続いて、ⒶとⒷも結びます。二つの結び目が並んで、完成です。

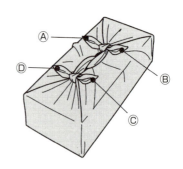

Lesson 16
ふろしきで丸いものを包む

すいか以外にも、主に丸いものを包む際に用いる方法です。
明るい柄のふろしきを使うとかわいらしい印象に。

包み方

ふろしきで丸いものを包む

1 ふろしきの中央に包むものを置きます。

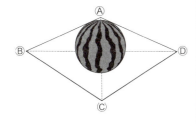

2 ⒶとⒷ、ⒸとⒹを結びます。

3 結んだ後は引き締めすぎず、結び目の下は余裕を持たせましょう。

4 片方の結び目を、もう一方の結び目の下から通します。

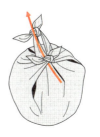

5 完成です。通した結び目を持ち手にして、持ち運びます。

ふろしきで瓶を包む

一升瓶を包むなら二四幅（約90センチ）のふろしきを使うのがベター。
持ち手の部分はしっかりと結びましょう。

1. ふろしきの中央に、一升瓶を立てて置きます。

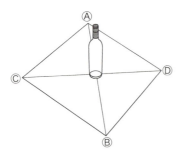

2. 対角線上にあるⒶとⒷを、瓶の口の上で結びます。

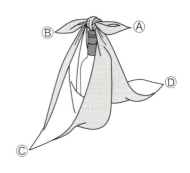

3. ⒸとⒹを瓶の正面で結びます。

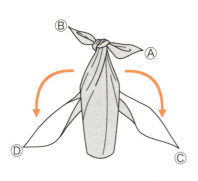

4. 完成です。ⒶとⒷの結び目をさらに結ぶと、持ち手が作れます。

第 4 章

畳み方

シャツのたたみかた

片付けやすく、シワになりにくいのが特徴。
収納するスペースに合わせて、横幅を調整できるのがポイントです。

1. ボタンの一番上、真ん中あたり、一番下の3カ所をとめます。

2. 後身頃を表にしたら、片側の袖から肩にかけてを図のように折ります。

3. 袖はまっすぐ下に折っておきましょう。

4 もう片方の身頃も同様に折り、袖も折っておきます。

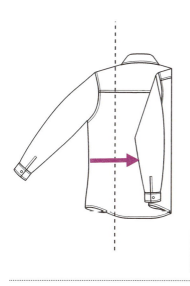

5 Ⓐ、Ⓑの順に三つ折りにします。

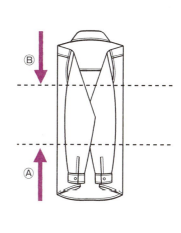

6 シワがあれば伸ばして、完成です。

Lesson 2

パーカーのたたみかた

パーカーをたたむ際には、フードの部分が盛り上がってしまわないよう、三角形にしてからたたむのがポイントです。

1. パーカーは表を上にして、ファスナーを上まで閉めます。フードの上部が三角形になるよう形を整えたら、前に倒しておきます。

2. 左側の袖口から肩にかけてを縦に折ります。

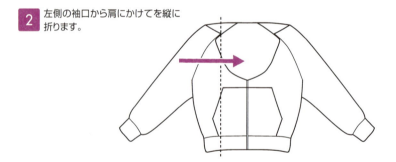

3. 袖はまっすぐ下に折ります。

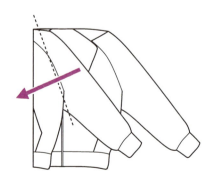

4 もう片方も手順 2、3 と同様にします。

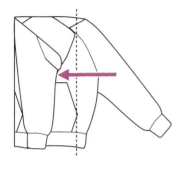

5 Ⓐ、Ⓑの順に袖がはみ出ないよう注意しながら、三つ折りにします。

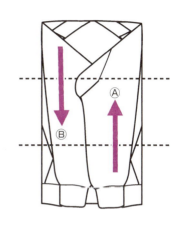

6 これで完成です。

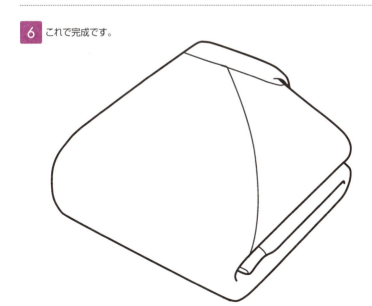

Lesson 3

ジャケットのたたみかた

畳み方

ジャケットを脱いで持ち歩くときには、シワにならないようにたたみます。
ビジネスシーンでも役に立つトラディショナルな方法です。

ジャケットのたたみかた

1 図のようにしてジャケットを持ちます。

2 ジャケットの左半身部分を裏返し、肩のあたりがシワにならないよう整えます。

3 ジャケットの右半身部分は裏返さず、肩部分が左半身部分の肩の部分と重なるように押しこみます。

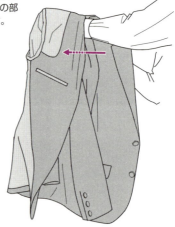

4 首の部分や襟元を引いて、形を整えます。

5 裏返しになったジャケットの中心を持つようにして、左手を添えます。

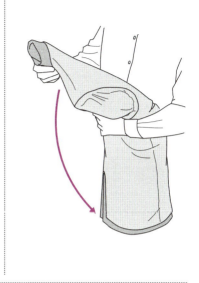

6 二つに折って完成です。

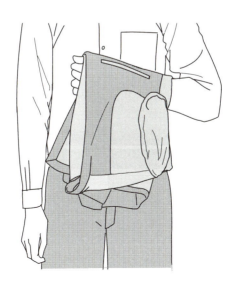

Lesson 4

セーターのたたみかた

かさばりがちなセーターをコンパクトにたたむ方法です。
折る回数を少なくすれば、厚くなりません。

1 前身頃を表にした状態で、片方の袖を真横に水平に折ります。

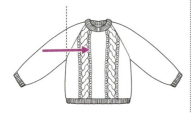

2 もう片方の袖も同様に折ります。

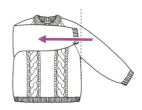

3 下から上に向けて、二つ折りにします。

4 今度は縦に二つ折りします。

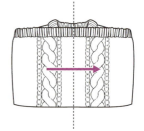

5 完成。だいぶコンパクトになりましたね。

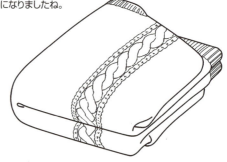

Lesson 5
コートのたたみかた

コートを長い時間しまっておく際、シワ防止に役立つのがラップの芯。
折り目がつかないので便利です。

1. コートは前身頃を上にして、ボタンをとめます。その上にシャツを重ねて置きます。

2. シャツと一緒にコートの片方の袖を内側に折りこみます。

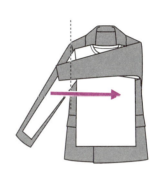

3. 手順2のようにして、もう片方も袖を折ります。中央にラップの芯や棒状にしたタオルを真横に置き、下から上に向かって折ります。

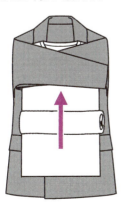

4. これで完成です。

Lesson 6

ショーツのたたみかた

ショーツをしまうときは、正面がちょうど前に出てくるようにたたんでおくと、わかりやすいうえに見栄えも◎。

1. 後側を上にして、およそ3分の1の幅になるよう左右から折ります。

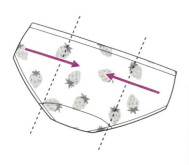

2. 上側3分の1を折ります。

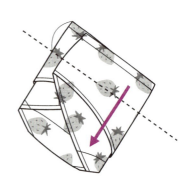

3. 股の部分をウエスト部分に差し込みます。

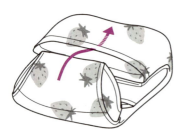

4. 形を整えて、完成です。

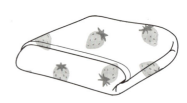

Lesson 7
トランクスのたたみかた

女性用に比べてサイズが大きめな男性用トランクス。
コンパクトにたためば、収納場所がすっきりとします。

1 前側を上にして、縦半分に折ります。

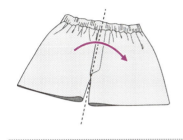

2 さらに縦半分に折ります。

3 上側3分の1を折ります。

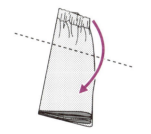

4 裾の部分をウエスト部分に差し込みます。

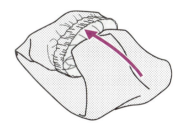

5 これで完成です。

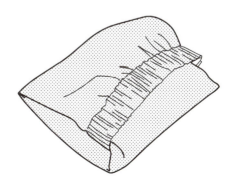

Lesson 8

ストッキングのたたみかた

生地が薄いストッキングは無理に縛ると、伝線してしまいます。
生地が傷みにくいゆるめのたたみかたを紹介。

1 前身頃を上にして、両足が重なるように二つ折りにします。

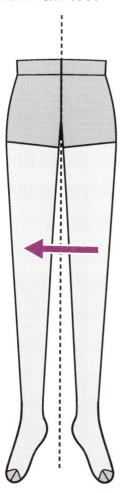

2 中央あたりで、下から上に向かって二つ折りにします。

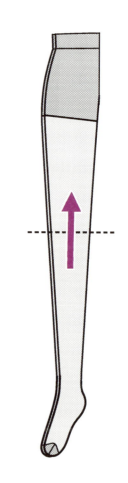

3 下から折ります。このとき、収納するスペースに合わせて大きさを任意で調整します。

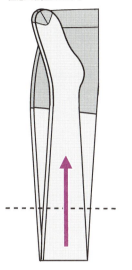

4 再度下から折ります。

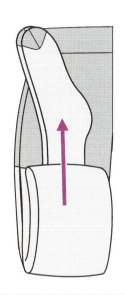

5 折った端をウエスト部分に差し入れて完成です。

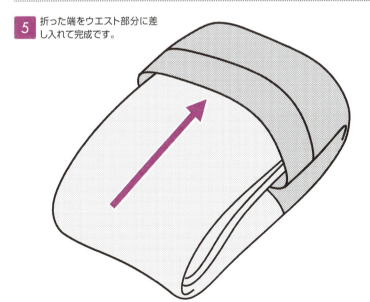

Lesson 9

靴下のたたみかた

畳み方

靴下は左右が離れないようにまとめておくのが基本。
四角くたたむことで収納しやすくなり、取り出すのも簡単です。

1 左右の靴下を重ねて置きます。

2 脚部分を半分あたりで二つ折りします。

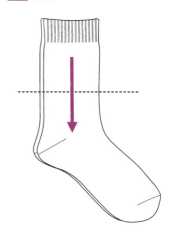

3 左右のつま先部分を重ねたまま、片方の靴下のゴム口部分に差し込みます。

4 完成です。

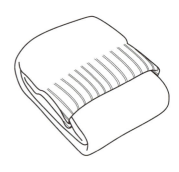

Lesson 10
着物のたたみかた

着物は正しくたたんで保管しないと、シワになってしまいます。
左手側に襟、右手側に裾がくるようにするのが基本。

1. 着物は襟が左側にくるよう置きます。

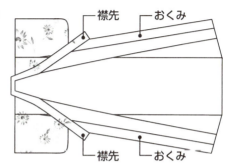

襟先　おくみ
襟先　おくみ

2. 下のおくみの部分を右脇に沿って折り、襟も内側に折りたたみます。

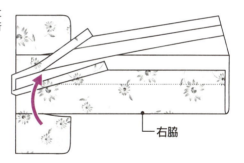

右脇

3. 上のおくみと襟先を、下のおくみと襟先にそれぞれ重ねます。襟部分も折ります。

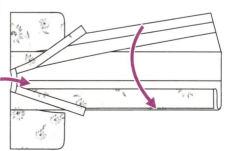

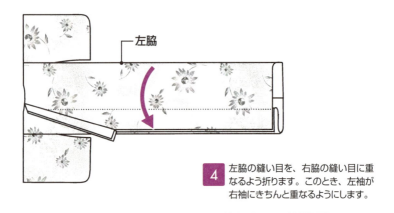

4 左脇の縫い目を、右脇の縫い目に重なるよう折ります。このとき、左袖が右袖にきちんと重なるようにします。

5 左袖を図のように折ります。
右袖はそのままです。

6 矢印のように、半分に折ります。

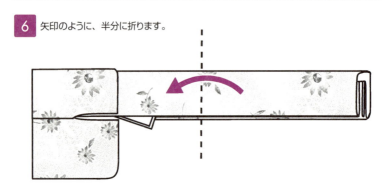

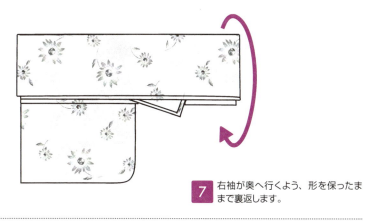

7 右袖が奥へ行くよう、形を保ったまま裏返します。

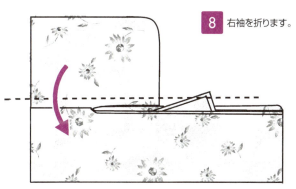

8 右袖を折ります。

9 これで完成です。

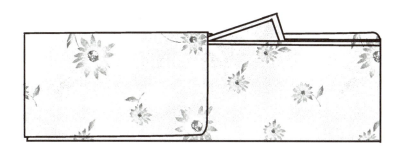

Lesson 11
帯のたたみかた

着物と同じく、帯にも正しいたたみかたがあります。
キレイな形を保って長持ちするよう、覚えておきましょう。

1 両端をそろえ、図のように二つ折りにして、さらに二つ折りします。

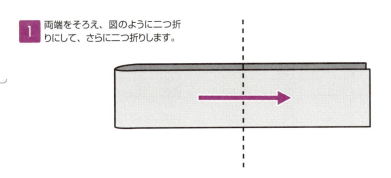

2 左右の端から三等分に折ります。

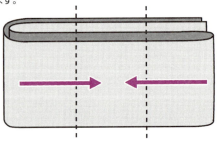

3 これで完成です。

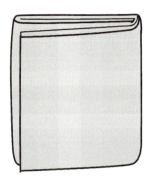

Lesson 12

場所を取らない羽毛布団のたたみかた

厚みのある羽毛布団は、折りたたむだけだとかさばってしまいます。
丸めることで収納スペースを減らしましょう。

1 羽毛布団の表を広げ、下側3分の1を折ります。

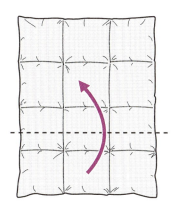

2 続いて上側の3分の1を折ります。

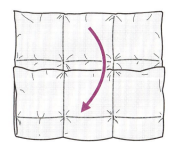

3 端から布団を巻いていきます。空気を抜くように意識するのがポイントです。

4 ひもで2〜3カ所結んで、完成です。

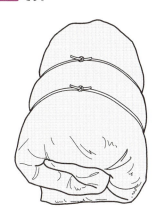

シーツのたたみかた

かさばりがちなベッドシーツは、縦に折りたたんでいくのがポイント。
厚みが出ないのですっきりとまとまります。

1 シーツの裏側を上にして広げて、図のように二つ折りにします。

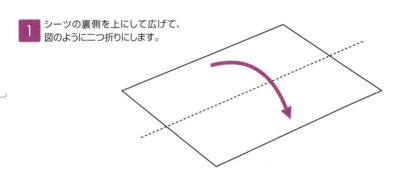

2 さらに二つ折りにして、細長くします。

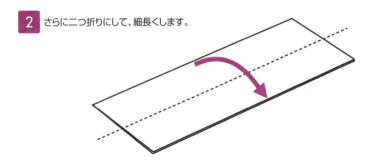

3 下部の4分の1程度を折ります。

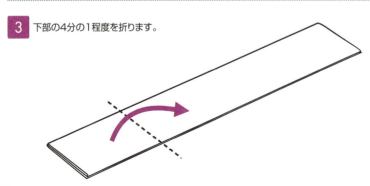

4 上部も同様に4分の1程度を折ります。このとき、中央部分に少し隙間を作っておきましょう。

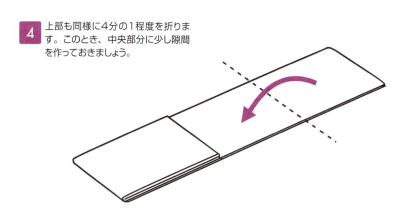

5 さらに二つ折りにします。中央に隙間を作っておいたので、スムーズに折れるはずです。

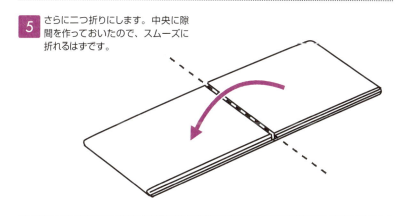

6 これで完成です。

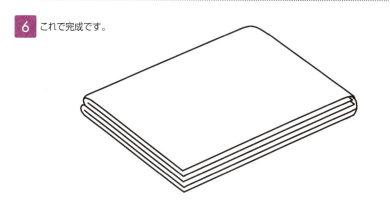

Lesson 14

ボックスシーツのたたみかた

大きいうえにゴムが付いているため、たたみかたに悩むボックスシーツ。
きれいに収納するにはこの方法!

1 裏にしたボックスシーツを図のように広げ、ⒶとⒷに手を入れます。

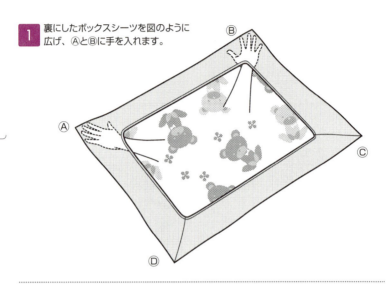

2 そのまま、ⒶとⒷの角をくっつけます。

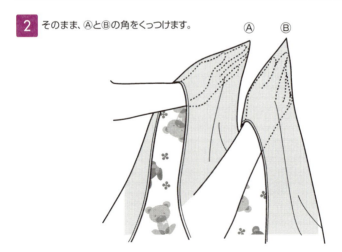

| 3 | Ⓐを裏返してⒷにかぶせ、角がきっちり合うよう整えます。 | 4 | 手順3に左手を入れ、右手はⒸに移動させます。 |

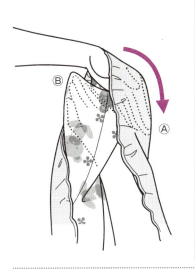 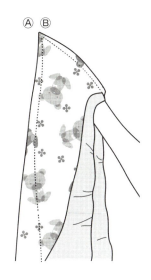

| 5 | ⒸにⒹをかぶせます。 |

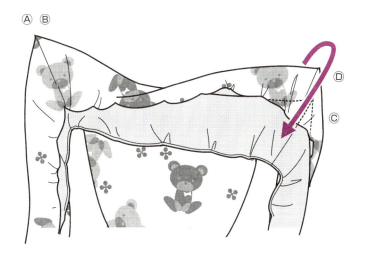

6 ⒶとⒷ、ⒸとⒹが重なったら、手順❷のように角を合わせます。

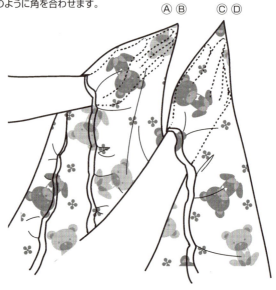

7 手順❸のように、ⒶとⒷをⒸとⒹにかぶせ、角を合わせます。

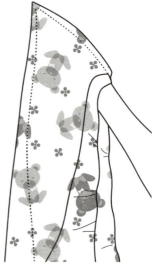

8 形を整えます。

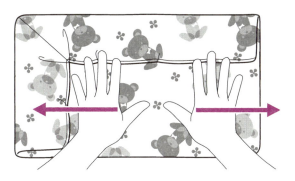

9 ①、②の順で三つ折りにします。

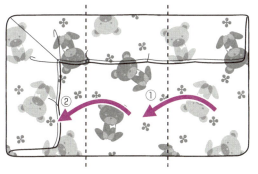

10 しわを伸ばして完成です。

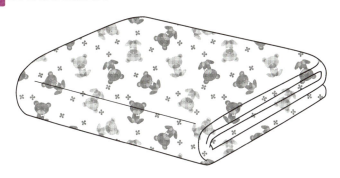

Lesson 15
タオルのたたみかた

ホテルで用いられている、タオルがフワフワとなる素敵なたたみかた。力を入れすぎないようにするのがコツです。

1. タオルを広げ、横に三つ折りにします。

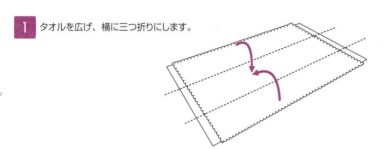

2. 続いては縦に三つ折り。バスタオルより小さいフェイスタオルは、これで完成となります。

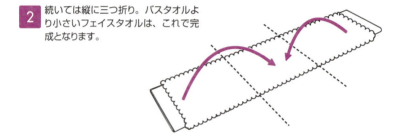

3. 左側から二つ折りにしましょう。

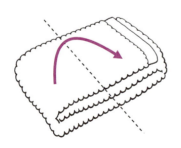

4. フワフワ感を残したまま形を整えて、完成です。

Lesson 16

テーブルナプキンの折りかた

畳み方

テーブルナプキンがあると、食卓が華やかになります。
正方形のナプキンを使って、レストランのような折りかたを紹介。

テーブルナプキンの折りかた

1 裏側を上にしてナプキンを広げ、対角線に折ります。

2 図のように下部3センチほどを折ります。

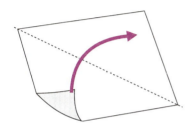
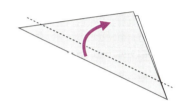

3 手順2で折った部分を、右端から外側に向けて巻いていきます。巻き終わったら、手順2でできた折り目に先端を差し込みます。

4 巻き終わりが裏になるように立てて置けば、完成です。

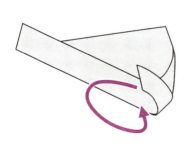
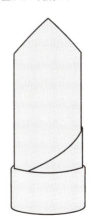

Lesson 17

レジ袋のたたみかた

スーパーのレジ袋を取っておく際に、かさばらないようにするたたみかた。
コンパクトになるので場所を取りません。

1. レジ袋のシワを伸ばしてピンと広げたら、矢印のように半分に折ります。

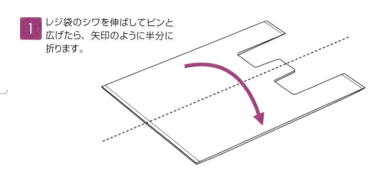

2. さらに半分に折ります。

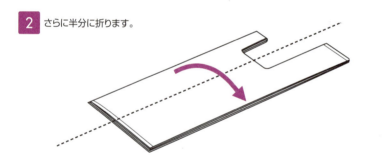

3. 下の端が三角になるよう折り上げます。これを繰り返します。

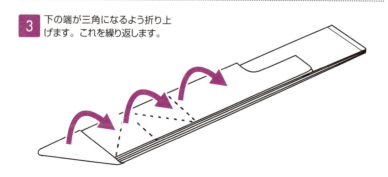

4 取っ手の部分まで折り上げると、図のような形になります。

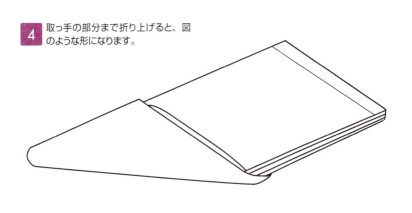

5 取っ手の部分を三角の中に差し込みます。

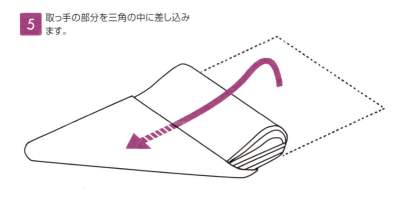

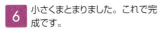

小さくまとまりました。これで完成です。

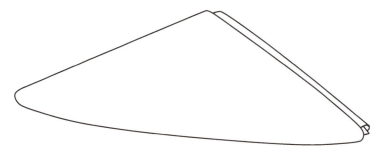

Lesson 18

テントのたたみかた

畳み方

適当にたたんで、次に使うときに苦労したことはありませんか？
この方法なら素早く簡単で次回も使いやすい！

1 支柱などの付属品を外し、全体を広げます。入口は上にしておきましょう。

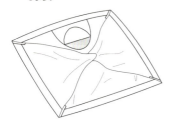

2 下から順に折っていきます。収納袋の大きさを確認し、それより小さな幅で折ること。

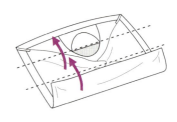

3 三つ折りにします。

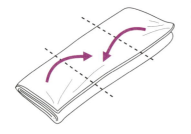

4 下から丸めていきます。空気をしっかり抜きながら進めるのがポイント。

5 完成したら収納袋に入れましょう。

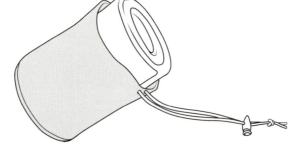

Lesson 19
寝袋のたたみかた

寝袋の収納ポイントはとにかく空気を抜くこと!
各工程で気を付ければどんな形状でもコンパクトにできます。

1. 収納袋より小さな幅で三つ折りにします。空気はしっかり抜きましょう。

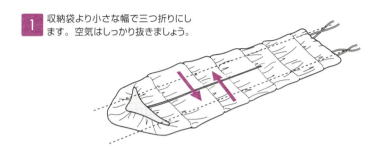

2. 頭側から巻いていきます。ここでももちろん、空気を抜きながら進めること!

3. 巻き終わったら、空気が抜けるようにギュッと押します。

4. ひもでしばって固定します。

5. 収納袋に入れたら完成です。

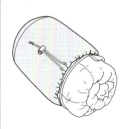

浮き輪のたたみかた

Lesson 20

夏に活躍した浮き輪。痛まないよう塩分を洗い流し、
しっかりたたんで来シーズンに備えておきましょう。

1 しっかりと空気を抜いたら、下から1/3を折りましょう。

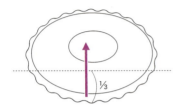

2 上からも同様に折ります。

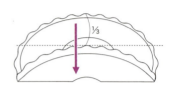

3 今度はタテに折ります。端が厚くならないよう、中心より3cmほどずらしましょう。

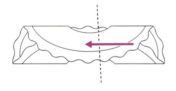

4 さらに二つ折りにします。

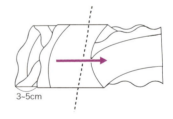

5 完成です。

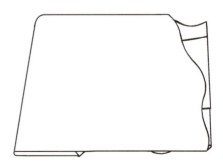

第5章

防災・緊急時

ロープを固定する結びかた

緊急の際に簡単にはずれないよう、しっかりと固定するロープの結びかた。
コツは最初に結び目を作っておくことです。

1. 棒などに巻きつけるロープの途中に、ゆるい結び目を作ります。そこに先端Ⓑを図のように通します。

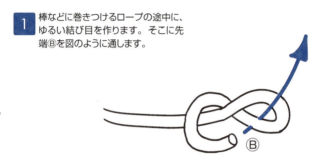

2. 先端Ⓑを再度結び目に通します。

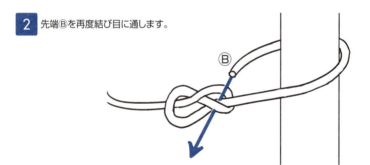

3. 先端Ⓑを図のように通します。

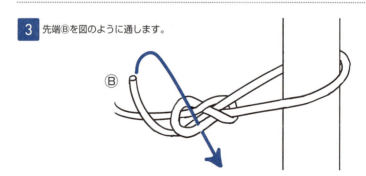

4 棒に巻いたロープの輪に、先端Ⓑを ぐるりと回します。

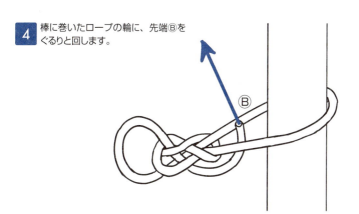

5 矢印のようにして、先端Ⓑを結び目に通します。

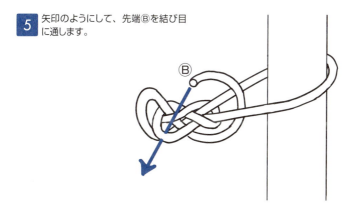

6 ⒶとⒷを引き、結び目を引き締めて完成です。

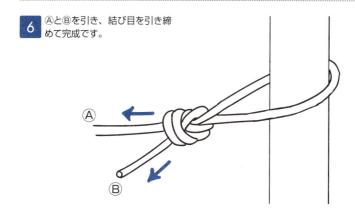

Lesson 2

太さの違うロープをつなぐ方法

太さが違うロープしかない場合でも、二重つぎを用いることで丈夫で長いロープを作ることができます。

1 太いほうのロープを二つに折り、「一重つぎ」（17ページで紹介）の要領で細いロープを通します。

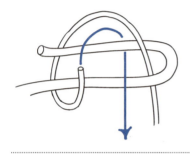

2 細いロープの先端を図の位置に通します。

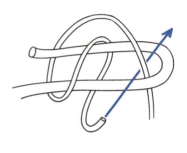

3 2本のロープの先端と元側を持ち、左右に強く引っ張りましょう。

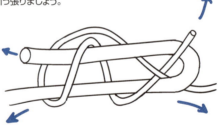

4 これで完成です。

Lesson 3

水難救助用の命綱の作りかた

防災・緊急時

水難救助用の命綱の作りかた

溺れている人にロープを投げるとき、先端にコブがあると、
遠くへ正確に投げることができます。

1 まずは先端に止め結びを作りましょう。

2 図のように3つの輪を連続して作り、そのなかに先端を通します。

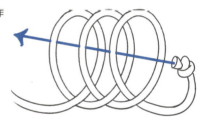

3 先端と元側を引っ張って、結び目を締めましょう。

4 完成です。コブがあると、滑ることなくロープを掴めます。

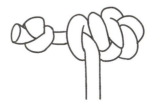

Lesson 4

即席で縄ばしごを作る

等間隔で輪状の足がかりを作れば、即席の縄ばしごが完成。
体重をかけても輪が変形しない結びかたです。

1 丈夫なロープを二つ折りにします。

2 折ったロープの先端で輪を作ります。

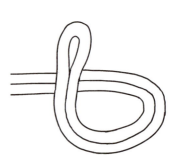

3 人の足が入るほどの大きさに、両端を強く引き締めます。

4 等間隔に同じ大きさの輪を作っていきます。これで完成です。

Lesson 5

一時的に傷んだロープを使用する方法

応急的な利用法ですが、「二重止め結び」をすることで、
一時的に傷んだロープを使用できます。

1. ロープが傷んでいる部分で二つ折りにします。

2. 手前から傷んだ部分を交差させて、矢印のように通します。

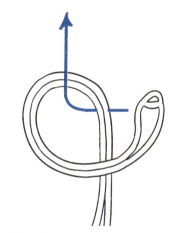

3. 元側と傷んだところを引っ張って、結び目をきつく締めましょう。

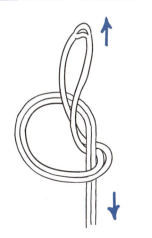

4. こうすることで、傷んだ部分に力がかかりません。ただし、あくまで応急処置と考えましょう。

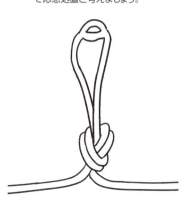

Lesson 6
シーツをロープの代わりに使う

非常用のロープがいつでもあるわけではありません。
そんなとき、ロープの代わりになるのがシーツです。

1 一方のシーツの端で輪を作り、もう片方の端を通します。

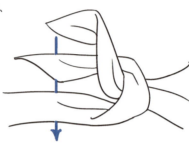

2 端を奥側からまわし、図のようにして隙間に入れます。

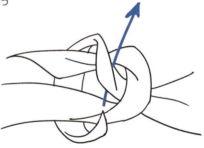

3 ここまでは一重つぎ（17ページで紹介）の要領です。

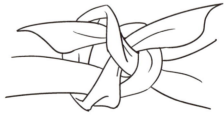

4 両端と両方の元側を引っ張り、固く結びます。

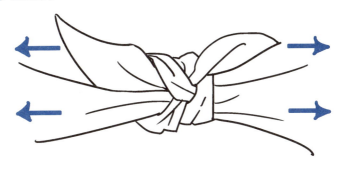

5 一重つぎのすぐ近くに、残った端を結びます。これを両側でおこないます。

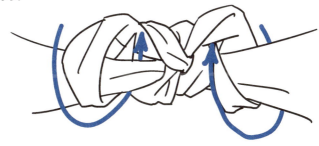

6 端を引っ張って締めたら完成です。

Lesson 7

車を引くロープの結びかた

車を牽引するときは、ほどけにくく、かつ強度が高い結びかたを用います。これを「変形もやい結び」といいます。

1 牽引用フックにロープを通し、拡大図を参考にして結びます。

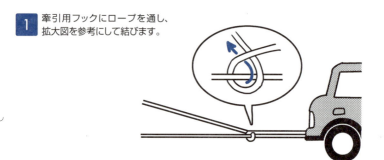

2 片方のロープの途中に輪を作り、もう一方の先端を通します。

3 図のように先端を輪の中に通し、絡めます。

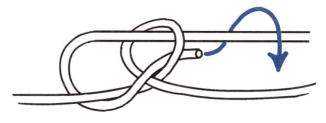

4 絡めたロープの先端を、図のように再度、輪の中を通します。

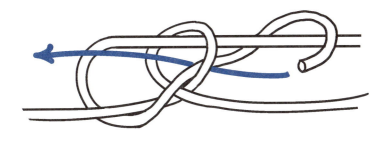

5 両方の元側と端を引っ張り、結び目を固く締めます。

6 同じ方法でもう一台の車にもロープを結び、完成です。

Lesson 8

意識のない負傷者を降ろす方法

意識がなくてロープを持てない人でも「スペインもやい結び」を用いれば、階下に降ろすことができます。

1 まずループを作り、裏側へ折り返して二つの輪を作ります。

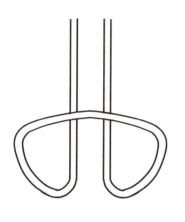

2 図のように、ふたつの輪を内側にひねります。

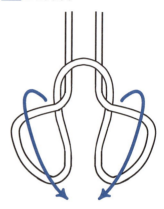

3 左の輪を右の輪に通します。

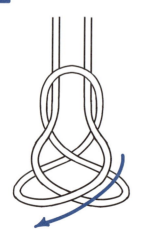

4 左右の輪の位置が入れ替わりました。

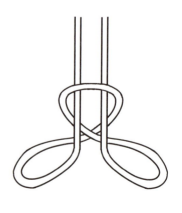

5 上にある輪の両側を、それぞれ下の輪に通していきます。

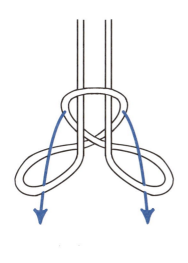

6 二つの輪の大きさを足が入る程度に調節し、結び目を引き締めます。

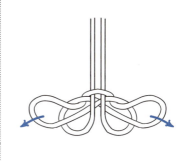

7 補強のために、結び目の上部にひと結びを加えます。これで完成です。

8 長く残しておいた端をわきの下でふた結び（16ページで紹介）すれば、負傷者を降ろすことができます。

Lesson 9

ロープをつかむことができる負傷者の降ろしかた

ロープをつかむことができる負傷者には、「腰掛け結び」が有効です。
意識がない負傷者には使えません。

1 二つ折りにしたロープの途中に輪を作ります。

2 輪に★の部分を通します。

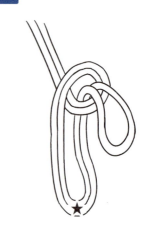

3 図のように、★の部分を輪にくぐらせます。

4 ループの先端を結び目の上に引き上げます。

5 結び目の位置を動かし、輪の大きさを調節します。

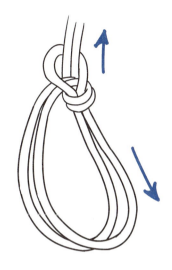

6 結び目をきつく締めたら完成です。

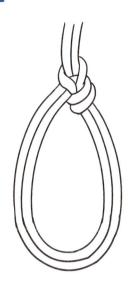

7 二つ折りになった輪の一方をヒザ裏に、もう一方をわきに通して使用します。

Lesson 10

おんぶひもの使いかた

おんぶひもは色々なことに使用することができます。
専用のおんぶひもだけでなく、兵児帯でも代用できます。

1. こどものわきにおんぶひもを通し、背負います。

2. 前でクロスさせます。左から持ってきた方を上にするようにしましょう。

3. 上にクロスさせた方を背後に回します。

4. こどものお尻を包みます。

5 手順4で巻いた布を手前に持ってきます。その後、腰をまたがせるように、こどもの足を広げます。

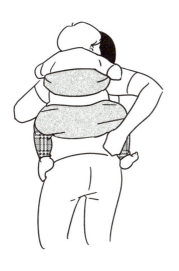

6 下にクロスさせた方も、後ろに回していきます。

7 同じ要領でこどものお尻を包み、前へ持っていきましょう。

8 最後に前で蝶々結びをすれば、完成です。

Lesson 11
古新聞をスリッパにする

災害時に裸足で歩きまわるのは危険です。
古新聞をスリッパとして活用することで、足の裏を守れます。

1 新聞の見開きを縦にして、上側を半分に折ります。

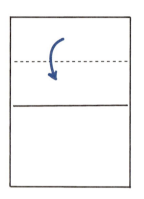

2 もう一度折り、それを裏返しましょう。

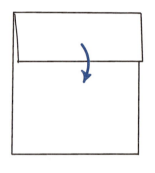

3 裏返して今度は左から、3分の1程度を折ります。

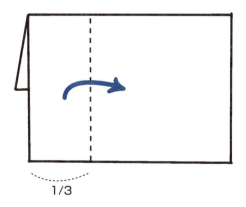

4 次に右側の3分の1を折ります。

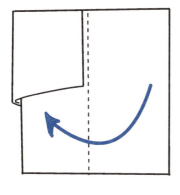

5 左側の二枚重なった紙の間に、反対側の部分を差し込みます。

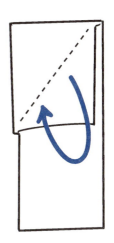

6 裏返せば完成です。これをもう一足作りましょう。

Lesson 12

指に包帯を巻く方法

指に包帯を巻くときは、怪我をした指と手首に包帯を巻きつけます。
最小限にすれば、ほかの部分が動かしやすくなります。

1. 負傷した指に包帯をかぶせたら、指先側に折り返します。

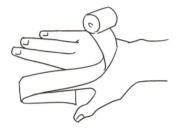

2. 図のように、指先側から包帯を巻いていきます。

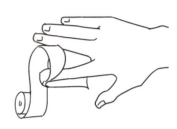

3. 指の付け根まで巻き終えたら、包帯を手首にまわして数回巻きつけましょう。

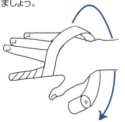

4. 負傷した指の間から包帯を通し、もう一度手首に巻きつけます。

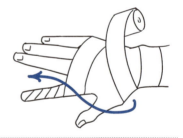

5. 包帯の巻きの部分を切り離し、包帯の先端に縦の切れ込みをいれて、一方を手首に巻きつけます。

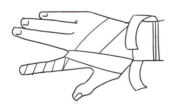

6. もう一方の先端と本結び（8ページで紹介）にして包帯をとめます。

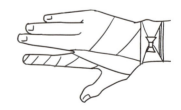

Lesson 13
腕に包帯を巻く方法

包帯を巻くときは転がすように巻きます。
締め付けすぎて血流を阻害しないようにしましょう。

1. 最初は包帯の端を少し斜めにあてます。

2. そこから端が少し出るようにして、真横にひと巻きします。

3. はみ出した端を折りこみます。

4. 折りこんだ端の上にひと巻きし、ずれにくくしてから患部を巻いていきます。

5. 先端に縦の切れ込みをいれます。

6. 一方をひと巻きし、もう一方と本結びにして包帯をとめましょう。

Lesson 14

関節に包帯を巻く方法

関節に包帯を巻くときには、常に同じ基点で包帯を巻いていく「亀甲帯」という巻き方を用います。

1 負傷している関節よりも、少し下で2回、包帯を巻きます。

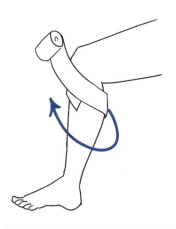

2 次に関節で1度包帯を巻き、さらに関節よりも少し上でひと巻きします。

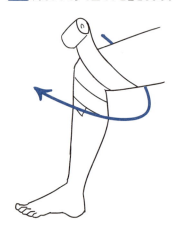

3 手順1で巻いた箇所よりも少し下でひと巻きし、巻く位置を上下にずらしながら繰り返し巻いていきます。

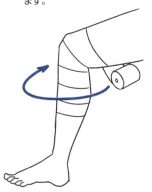

4 数回巻き終わったら、「腕に包帯を巻く方法」（165ページで紹介）と同じ手順で包帯をとめます。

三角巾で足を固定する方法

Lesson 15

骨折したときには、固定することが重要です。
三角巾と添え木を使えば、応急的に固定することができます。

1. 膝や足首に折りたたんだハンカチを挟み、添え木を足に当てましょう。

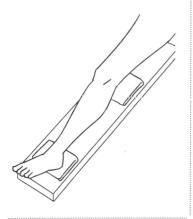

2. 八つ折りにした三角巾を二つに折り、できた輪に端の一方を膝上で通します。

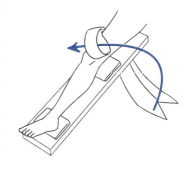

3. 輪に通した端ともう一方の端を本結び(8ページで紹介)にします。

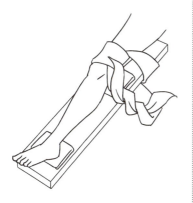

4. 足首、ふとももの順に、同じ要領で三角巾を巻き、足を固定します。

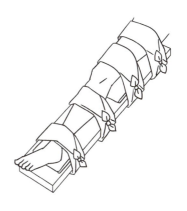

三角巾で腕を固定する方法

三角巾を用いた腕の固定方法です。
骨折したときには、木の板などのしっかりとした添え木が必要になります。

1 手首、手のひらに折りたたんだハンカチを挟み、添え木に腕をあてます。

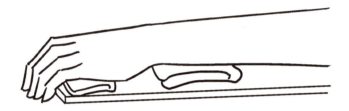

2 手のひらに八つ折りにした三角巾を2〜3回巻きます。

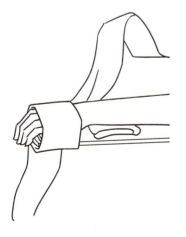

3 手のひらと肘の間も同様に三角巾を巻き、八つ折りにした三角巾を二つに折って巻きます。

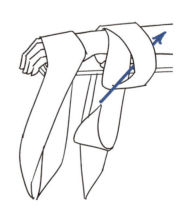

4 輪に通した端ともう一方を本結び（8ページで紹介）でとめます。

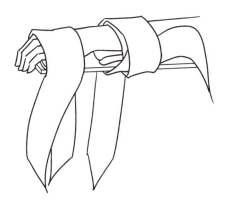

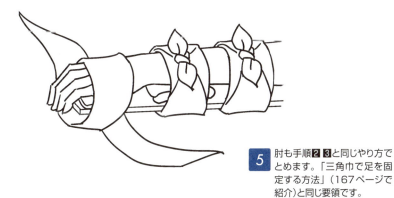

5 肘も手順2 3と同じやり方でとめます。「三角巾で足を固定する方法」（167ページで紹介）と同じ要領です。

6 最後に手のひらに巻いた三角巾を本結びにすれば完成です。

Lesson 17

三角巾を結ぶ方法(腕)

骨折や骨にヒビが入ったときなど、腕をしっかりと固定する必要があるときには三角巾を使うのが便利です。

1. 三角巾の長い辺を、体と平行になるよう縦にします。それから頂点をわきの下に挟みこんで、胸元で布地を手でおさえます。

2. 三角巾の下の端を、腕を固定する方の肩にかけます。

3. 上側にある二つの端を首の後ろに回します。

4. 端と端を首の後ろで本結び(8ページで紹介)します。

5. 固定する腕のひじ部分にある頂点を1回結びます。

6. 結び目を内側に折って入れれば完成です。

Lesson 18

三角巾を結ぶ方法(足首・ねんざ)

三角巾は腕の怪我に用いるだけでなく、足首をねんざしたときに
固定するのにも使えます。

1. 巻くようにして細長くした三角巾を、靴の裏から土踏まずにあてます。

2. 図のように、かかと側でクロスさせましょう。

3. 図のように、端を通します。これを両端やります。

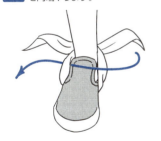

4. しっかりと引っ張り、足首を固定しましょう。

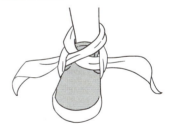

5. 両端を前にもってきて、足の甲の上で結びます。

6. 端を引っ張って結び目を締めたら完成です。この方法は裸足のときにも有効です。

Lesson 19

ネクタイを使った止血の仕方(腕)

緊急時、包帯や三角巾がなくとも、身近なネクタイとハンカチを使って止血をすることができます。

1. 傷口の位置を確認し、可能であれば消毒をします。

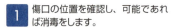

2. 清潔なハンカチを折りたたみ、傷口にあてます。

3. ハンカチの上から、ネクタイを太い方の端から強く巻いていきます。

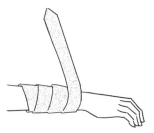

4. ネクタイの細い方の端にガムテープを張り、ゆるまないように固定します。

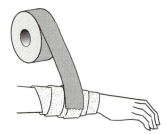

5. これで完成です。ゆるいと止血の効果がないので、きちんと締め付けるようにしましょう。

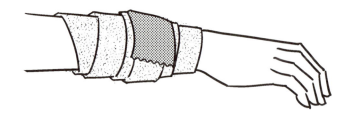

Lesson 20
ネクタイを使った止血の仕方(頭)

防災・緊急時

腕だけでなく、ネクタイとハンカチを使った方法は頭の傷にも
応用することができます。

1 傷の位置を確認し、可能であれば消毒をします。

2 清潔なハンカチを折りたたみ、傷口にあてます。

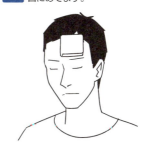

3 ネクタイの太い方の端から、ハンカチを覆うようにあてがいます。

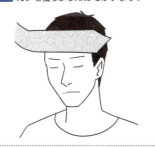

4 ハチマキのように巻いていきます。ゆるくならないように注意しましょう。

5 ガムテープで固定すれば完成です。目や耳をふさがないようにしましょう。

索引

【あ行】

- 板 ……………………………………………… 57
- イヤホンコード ……………………………… 22
- 浮き輪 ………………………………………… 144
- 羽毛布団 ……………………………………… 131
- 円筒状の物
  - 縛りかた ………………………………… 53.54
  - ラッピング ……………………………… 92
- お金 …………………………………………… 98
- おひねり ……………………………………… 102
- おみくじ ……………………………………… 33
- おんぶひも …………………………………… 160

【か行】

- カーテンタッセル …………………………… 25
- 片蝶結び ……………………………………… 11
- 革靴ひも ……………………………………… 36.38
- 着物
  - たたみかた ……………………………… 127
  - 帯 ………………………………………… 130
  - 帯の結びかた …………………………… 44
- 靴下 …………………………………………… 126
- コート ………………………………………… 121
- 小銭 …………………………………………… 100
- ゴミ袋 ………………………………………… 50.51

【さ行】

- 三角巾
  - 固定 ……………………………………… 167.168
  - 結ぶ ……………………………………… 170.171
- シーツ
  - たたみかた ……………………………… 132
  - ロープの代わりに使う ………………… 152
- 自転車の荷台 ………………………………… 60
- ジャケット …………………………………… 118
- シャツ ………………………………………… 114
- ショーツ ……………………………………… 122
- 新聞・雑誌
  - 新聞・雑誌を縛る ……………………… 64.66.68
  - 古新聞をスリッパにする ……………… 162
- すじかい縛り ………………………………… 70
- ストール ……………………………………… 48
- ストッキング ………………………………… 124
- スニーカー …………………………………… 34
- セーター ……………………………………… 120

【た行】

- タオル ………………………………………… 138
- 蝶々結び ……………………………………… 10
- テーブルナプキン …………………………… 139
- テグス結び …………………………………… 18
- テント ………………………………………… 142
- 電気コード …………………………………… 19.20
- 登山靴 ………………………………………… 40.42
- トランクス …………………………………… 123

【な行】

肉 …………………………………… **62**
ネクタイ
　腕の止血をする ………………… **172**
　頭の止血をする ………………… **173**
寝袋 ………………………………… **143**

【は行】

パーカー …………………………… **116**
箱 …………………………………… **56.90**
8の字結び ………………………… **14**
花束 ………………………………… **28**
刃物 ………………………………… **104**
一重つぎ …………………………… **17**
瓶 …………………………………… **58**
ふくさ
　祝儀袋 …………………………… **94**
　不祝儀袋 ………………………… **96**
ふた結び …………………………… **16**
古新聞 ……………………………… **162**
ふろしき
　包みかた …… **108.109.110.111.112**
　ふろしきバッグ ………………… **106.107**
　結びかた ………………………… **32**
棒 …………………………………… **26**
ホース ……………………………… **23**
包帯 ………………………………… **164.165.166**
ボックスシーツ …………………… **134**
本結び ……………………………… **8**

【ま行】

巻き結び …………………………… **15**
丸太
　組む ……………………………… **73.76.78**
　運ぶ ……………………………… **80**
もやい結び ………………………… **12**

【ら行】

ラッピング ………………………… **82.86.90.92**
リード ……………………………… **30**
レジ袋
　縛りかた ………………………… **52**
　たたみかた ……………………… **140**
ロープ
　痛んだロープを使う …………… **151**
　車を引く ………………………… **154**
　固定する結びかた ……………… **146**
　水難救助用の命綱を作る ……… **149**
　洗濯用ロープの結び方 ………… **24**
　縄ばしごを作る ………………… **150**
　負傷者を降ろす ………………… **156.158**
　太さの違うロープをつなぐ …… **148**

参考文献

『ひもとロープの結び方便利手帳』
小暮幹雄著（ナツメ社）
『写真と図で見るロープとひもの結び方』
ロープワーク研究会（西東社）
『アウトドア レスキュー 家庭 図解 ひも＆ロープの結び方』
羽根田治監修（日本文芸社）
『いますぐ使える！ 折り方・たたみ方・包み方』
あたらしいやり方研究会 [編]（Gakken）
『見てすぐできる！「たたみ方・折り方」の早引き便利帳』
ホームライフ取材班 [編]（青春出版社）
『見てすぐできる！「結び方・しばり方」の早引き便利帳』
ホームライフ取材班 [編]（青春出版社）

図解でカンタン
結び方・縛り方・包み方・畳み方

平成28年4月5日第一刷
平成29年4月5日第二刷

編　者	快適ライフ委員会
編集協力	株式会社　開発社
イラスト	ほんだあきと くみハイム
執筆協力	佐藤朋樹
発 行 所	株式会社　彩図社 〒170-0005 東京都豊島区南大塚3-24-4　MTビル TEL：03-5985-8213　FAX：03-5985-8224
印 刷 所	シナノ印刷株式会社
URL	http://www.saiz.co.jp https://twitter.com/saiz_sha

© 2016.kaiteki life iinkai Printed in Japan.　　ISBN978-4-8013-0141-2 C2076
落丁・乱丁本は小社宛にお送りください。送料小社負担にて、お取り替えいたします。
定価はカバーに表示してあります。
本書の無断複写は著作権上での例外を除き、禁じられています。